D1755771

Lea F. McCarty

Die Revolverhelden und Revolverkämpfer des Wilden Westens von Amerika

Ein Tatsachenbuch zum Nachschlagen
der Typen von A... bis W...

Alle Rechte vorbehalten

1988

VERLAG
G. BORGMANN   4504 GEORGSMARIENHÜTTE

ISBN 3-9801540-1-7

(Aus dem englischen Original "The Gunfighters" übertragen und für die deutsche Fassung eingerichtet von Gerhard Borgmann)

Alle Rechte vorbehalten, im Rahmen des Urheberrechts etc. insbesondere auch die der Vervielfältigung jeglicher Art inkl. Fotokopie

Zum Geleit eine Vorausbemerkung

Absicht der Veröffentlichung und Verlegung dieses Buches in der deutschen Sprache ist keineswegs, diese interessante Zeitepoche des Westens in den U.S.A. kritiklos zu verherrlichen, sondern die Taten und Umstände der damaligen sogenannten Revolverhelden, Revolverkämpfer und Revolvermänner - der Guten und Bösen - zu schildern und auch zum Nachdenken zu veranlassen.

Zum Glück ist heutzutage vieles durch die Einhaltung der Gesetze geregelt, wofür man dort zur damaligen Zeit kämpfen oder sich auch selbst verteidigen mußte.

Viele Filme widmen sich diesem Thema und dieser Zeit, da die damaligen Ereignisse immer wieder großes Interesse hervorrufen.

Schußwaffenkampf mit jeweils einem Schuß - es war aus waffentechnischen Gründen nicht anders möglich - oder auch beispielsweise Degen oder Schwertkampf oder ähnliches, um Ehre und Ansehen - auch ohne Tötungshemmung - oder aus Gründen der Rache oder wegen Rechtsstreitigkeiten, Macht, Habgier etc., diese Art der Auseinandersetzung in Form eines Duells oder auch Nicht-Duells, Zweikampfes oder Massenkampfes hatte es auch schon zuvor zu verschiedenen Epochen auf der Erde gegeben.

Hier ist wirklichkeitsgetreues Material über berühmte oder berüchtigte Menschen zur Zeit des Alten Westens in Form einer Schilderung der Ereignisse mit dem jeweiligen Werdegang eines jeden einzelnen.

Bilder runden das Fachbuch ab.

Die Verlagsleitung und Redaktion

Dieses ist Mr. A. M. King, Stellvertreter von Wyatt Earp im späten 19. Jahrhundert, der mit wachsamen Auge das Malen dieser Bilder verfolgt hat und die Echtheit und Wirklichkeitstreue dieses beachtlichen Buches und authentischen Werkes über den historischen Alten Westen höchst bestätigt (Foto 1958)

INHALT

Zum Geleit eine Vorausbemerkung 6

Das Vorwort von Mr. A. M. King 10

Joaquin Murrietta 12

Jesse James 14

Wild Bill Hickok 17

Bill Longley 20

Ben Thompson 23

King Fisher 25

Jim Courtright 28

John Wesley Hardin 31

Wyatt Earp 34

Doc Holliday 37

Clay Allison 40

Bat Masterson 43

Luke Short 46

Old Man Clanton 49

John Ringo 52

Curly Bill Brocius 54

Dave Mather 57

Pat Garrett 59

Billy The Kid 62

Calamity Jane 65

Anhang

Der berühmteste Schießkampf des Alten Westens 68

Bilder eines jeden einzelnen 70

Colttypen 80

Fachwörter im Text 85

Das Vorwort von Mr. A. M. KING, ehemaliger Stellvertreter von Wyatt Earp

Man ist sich einig, daß die große Zeit der Revolverkämpfer und Revolvermänner kam, als die alten Pistolen, System Steinschloß, allmählich verschwanden und die Pistolen mit der neuen Technik, System Kugel und Zündhütchen, kamen. Mit den neuen Modellen waren sie in der Lage, schneller zu ziehen und zu schießen und genauer zu treffen. All die Förmlichkeiten eines Duells gerieten in Vergessenheit. Ziehen. Schießen. Das war alles.

Ich habe oft gehört, daß Wyatt Earp sagte, Jesse James sei der erste gewesen, der einen Sechs-Schuß Navy Colt trug. Es war derselbe Colttyp, den auch Butler Hickok alias "Wild Bill" benutzte. Er trug von diesen gleich zwei in seiner roten Schärpe. Sie hatten elfenbeinerne Handgriffe. Er hatte sie vom späteren Vize-Präsident der Vereinigten Staaten von Amerika, zu der Zeit Senator Wilson, als Präsent überreicht bekommen.

Ben Thompson und Wes Hardin, so meine ich, verschafften dem Zieh- und Schießzeitalter Berühmtheit, und die meisten der Schießkämpfe überhaupt fanden im Zeitraum von ca. 20 bis 30 Jahren statt.

Der Revolvermann oder Revolverkämpfer war ein Mann mit eiskalten ruhigen Nerven. Die mußte man auch schon haben, um zu überleben. Er hatte schnelle und geschickte Hände, und der kühle und starre Gesichtsausdruck war deutlich zu spüren und zu sehen. Fast alle hatten blaue Augen. Viele waren untereinander verwandt, wie z. B. Jesse James mit den Youngers, die Youngers mit den Daltons und Cole Younger, der Onkel des Tombstone-Killers, mit John Ringo. Wes Hardin's Verwandte lebten in ganz Texas.

Sicherlich war der Revolvermann oder Revolverkämpfer das Produkt des Bürgerkrieges. Weitere Kriegslüsternheit nach dem Bürgerkrieg und die damit verbundenen Nachkriegsgefühle, so Earp, waren immer noch stark verbreitet. Die Tatsache, daß nach dem Bürgerkrieg die neu entstandene Polizei auch Schwarze integrierte, verursachte viele Probleme und Schwierigkeiten. Dieses war z. B. so bei dem Fall John Wesley Hardin. Schienenkopf- und Verladestationsstädte, Umschlageplätze der großen Viehtriebe, brachten auch Revolvermänner und

Revolverkämpfer hervor. Viele trugen eine Waffe und standen dann damit vor dem alten, krummen und staubigen Spiegel, stellten sich lang und aufrecht hin, spannten ihre Muskeln, musterten und bewunderten sich selbst von der Spitze ihres Hutes bis hinunter zum "funkensprühenden Gürtel des Todes", wie ich es einmal in einer Formulierung von jemandem gehört habe.

Jetzt ist dieses jedoch alles Vergangenheit und Geschichte. Aber so lange gehört dieses doch nun auch noch nicht der Vergangenheit an, wenn man einmal genauer darüber nachdenkt. Just 1958 wurde ein alter Stiefel im Grabbezirk Custer's Little Big Horn ausgegraben, und der verdammte Stiefel sieht auf den ersten Blick genauso aus, als ob er erst seit ein paar Monaten dort im Erdboden gelegen hätte. Die Sohle am Stiefel, Haken und Nägel, alles sieht so aus, daß man ihn wohl anziehen könnte. Und wenn ich noch einmal genauer über meine Zeit, in der ich mit Earp zusammengearbeitet habe, nachdenke, so komme ich doch zu der Auffassung, daß all dieses doch noch nicht so lange der Geschichte und Vergangenheit angehört.

Jeder leistete und leistet seinen Beitrag, daß Amerika so ist wie es ist, so auch die damaligen Revolverkämpfer und Revolvermänner, die Guten genauso wie die Bösen. Viele Jungen, ja sogar erwachsene Männer, wollen viel lieber etwas über die Taten von Wild Bill Hickok hören als die ganzen Bücher über George Washington oder Abraham Lincoln lesen.

        A. M. KING

     Stellvertreter von Wyatt Earp
      (im späten 19. Jahrh.)
     in Arizona und Californien

JOAQUIN MURRIETTA   1830 - 1853

Den Banditen aus Californien Joaquin Murrietta kann man wohl als den ersten "Artisten" im schnellen Ziehen einer Schußwaffe bezeichnen, auch wenn er nur ein älteres Modell einer französischen großkalibrigen Pistole, System Kugel mit Zündhütchen, benutzte, die er immer griffbereit in seiner Schärpe bei sich trug.

Der dunkelhäutige Mexikaner begab sich mit seiner gutaussehenden Ehefrau Antonia Molinera nach Californien, als er noch nicht einmal 20 Jahre alt war. Sie wurde von Bergminenarbeitern des Mother Lode Country vergewaltigt, während sich Joaquin in einem der Saloons befand und Spielkarten austeilte. Dieses kriminelle Verbrechen brachte Joaquin ganz um seinen Verstand, und er verübte eine ganze Serie von bewaffneten Raubüberfällen, die es in dieser Form nie wieder gegeben hat. Sein Goldclaim von 1848 in Stanislaus wurde für ihn bedeutungslos. Er versuchte, seine Verbitterung durch zuerst kleinere Überfälle auf einzelne Bergminenarbeiter, dann durch Überfälle größerer Art zu kurieren. Er wurde des Pferdediebstahls bezichtigt und mit einer Riemenpeitsche ausgepeitscht. Während des Blutens wurde Joaquin zu einem Gringo-Hasser.

Er gründete eine Desperado-Bande. Jeder Mann mußte mit seiner Schußwaffe schnell und tödlich sein. Auch seine Ehefrau war wie ein Mann gekleidet und genauso geübt, schnell eine Waffe aus der Halterung zu ziehen und mit einem einzigen Schuß zu töten. Mit ungefähr 80 Männern als Rückendeckung überfiel der Mexikaner Linienkutschen, raubte und plünderte sie aus. Auch hielt er einzelne Reiter an, nahm ihnen alles weg und ließ sie zu Fuß weitergehen. Von den Minenlagerplätzen der High Sierra stahl er vornehmlich Gold. Um seinen schon immer größer werdenden Bekanntheitsgrad noch mehr Auftrieb zu geben, band er Chinesen in Reihen zusammen, ließ sie nach der Melodie der Pistole tanzen und schoß ihnen dann die Augen aus.

Es wird gesagt, daß Joaquin einmal einen Schoner auf dem Fluß Sacramento ans Ufer lockte, um so mit seiner Bande an Bord gelangen zu können. An dieser einsamen Flußstrecke begingen sie mehrere Morde und verschwanden dann mit mehr als 20.000 Dollar in Gold. Bei einer anderen Gelegenheit bot

Joaquin 1.000 Dollar für seine Ergreifung und Verhaftung und teilte dann dem Sheriff mit, wer er in Wirklichkeit war, und brachte ihn dann um. Auch soll er 50 hochedle Pferde vom Grundbesitz des alten californischen Gouverneurs gestohlen und sie dann nach Mexiko gebracht haben.

Aber - ähnlich wie bei Robin Hood - war er insgeheim bei den Rancheros sehr beliebt. Er soll zu ihnen sehr freundlich gewesen sein und sie mit Geld unterstützt haben.

Das Ende kam, als Captain Harry Love, ein bekannter Revolvermann aus Los Angeles, zusammen mit 20 Männern zu ihm am Lake Tulare heruntsritt und ihn am Lagerfeuer überraschte. Sein Kopf wurde abgetrennt, und ein Mann namens Billy Henderson brachte ihn zum Amtsbüro des Sheriffs. Der Kopf wurde versteigert und für 35 Dollar verkauft.

Dr.med. Allan Thomson, einst der Arzt von Jack London, sah Murrietta's Kopf im alten Gordon Museum in San Francisco in der Market Street. Der Kopf befand sich in einem großen Glas: er war in Alkohol eingelegt und somit konserviert. Der Preis für die Eintrittskarte betrug 25 Cents. Gemäß der Aussage von Dr.med. Thomson war Joaquin ein dunkelhäutiger Mexikaner und sah so aus wie auf dem gemalten Bild von Mr. McCarty; aber durch das Erdbeben im Jahre 1906 löste sich das Glas aus der Verankerung, Murrietta's Kopf wurde zerstört, und es blieben der Nachwelt keine Relikte erhalten.

JESSE JAMES   1847 - 1882

Dr.med. Allan Thomson, einst der Arzt von Jack London, wohnte in der Nachbarschaft der Familie James. Gemäß seiner Aussage wurde Jesse als Sohn eines baptistischen Priesters im Jahre 1847 geboren. Seine Mutter heiratete dreimal. Ihr letzter Ehemann war ein freundlicher Herr mit dem Namen Dr. Reuben Samuel.

Im Bürgerkrieg gehörte Jesse zur Stoßtruppe. Daß er eine schnelle Hand hatte, mit der er auch schell reagieren konnte, war wohl auf die neuen Navy-Colts mit Kugel und Zündhütchen zurückzuführen. Diese Colts setzten neue und schnelle Maßstäbe in der 'Kunst' des schnellen Ziehens und Tötens.

Das Geld der Confederierten war nicht einen Pfifferling wert. Mit der Schmach behaftet, den Krieg gegen eine Menge Taugenichts-Blaujacken verloren zu haben, war es für einen Missourianer relativ einfach, das Pferd zu satteln, auszureiten und alles Republikanische zu überfallen, sei es nun die Eisenbahn, Linienkutsche oder auch eine Bank. Auch Jesse war da keine Ausnahme. Einhellige Meinung bezüglich dieses Vorgehens, Zuspruch und Kooperation fand er bei seinem Bruder Frank, bei Cell Miller, Jim Poole, George White und bei anderen standhaften Typen einschließlich der Younger Vettern, 17 Männer, bereit zu allem, was man noch als Fortsetzung des Krieges der Grenzstaaten bezeichnen konnte. Sie erbeuteten 1/4 Millionen Dollar bei bewaffneten Zugüberfällen und Banküberfällen und stellten diesen Rekord innerhalb von 17 Jahren auf.

Überall im Staat hatten sie verwandtschaftliche Beziehungen. So konnten sie auf der Flucht das meiste überall bei sich führen. Nur wenige Gesetzeshüter von außerhalb begaben sich zu diesem Territorium, da sie sich vor harten Guerillaüberfällen seitens der Verwandten fürchteten, die auch noch mit einer alten Squirrel-Büchse recht gut umgehen konnten. Außerdem hatten sie Louie Lull, einen Herumschnüffler der Pinkertons, niedergemäht und unterhielten gute Beziehungen zum örtlichen Polizeioffizier, der nicht immer auf der Seite des Gesetzes stand. Ferner hatte einer der Youngers einen anderen der Pinkertons erschossen und anschließend den Leichnam auf dem Erdboden schleifend zu einer einsamen Landstraße transportiert, wo er dann von den Schweinen bereits zur Hälfte aufgefressen vorgefunden wurde.

Dr. Reuben Samuel, Jesse's Stiefvater, hatte das Pech, daß er gerade zu dem Zeitpunkt am Feuerplatz stand, als ein Pinkerton eine Art Bombe in das Feuer warf. Sie sprengte ihn sprichwörtlich hoch in die Luft, riß den Arm von Jesse's Mutter weg und tötete seinen Stiefbruder auf der Stelle. Eine schreckliche Tat.

Jetzt hatte Jesse beim Rauben und Töten vor dem Gesetz einen Milderungsgrund. Wie ein Wahnsinniger ritt er nach Osten, Westen, Süden, Norden, überfiel mit Waffengewalt Züge, Banken, Linienkutschen, ging schroff mit den Leuten um und tötete jeden, der sich ihm widersetzte. Den ersten Zug, den Chicago, Rock Island und Pacific, überfiel er im Jahre 1873 in der Nähe von Adair in Iowa, die erste Bank überfiel er in Liberty, Missouri. Dann überfiel er eine Bank in Russelville im Logan County, Kentucky. Jesse machte Witze und Wortspiele, wenn er das Geld an sich nahm. Seine blauen Augen funkelten; sein trockenes Lächeln bewies, daß er diesen Humor von seiner Mutter geerbt hatte.

Er hielt es für notwendig zu heiraten. Er organisierte eine respektable kirchliche Trauung und heiratete seine erste Cousine Zerelda. Sie hatte ihn schon gesundgepflegt, als er vom Bürgerkrieg verwundet heimkehrte. Jetzt war er ein Held. Gute Missourianer sangen gerne Lieder über ihn und über die mit ihm verbundene Legende des Robin Hood.

Im September des Jahres 1876 ritten die 'Jungens' nach Northfield, Minnesota. Dort stürmten sie in eine Bank und stellten mit Waffengewalt Forderungen. Die Leute dort bemerkten sofort, was vor sich ging. Es folgte eine tödliche Schießerei, in der Bill Chadwell, Cell Miller und mehrere Bürger niedergemäht wurden. Dabei starb auch Charlie Pitts. Fünf Kugeln drangen in Jim Younger's Körper ein, bei Bob Younger waren es zwei Kugeln. Und obwohl Cole Younger in seinem großen Körper fünf Kugeln verspürte, stand er dennoch auf den Beinen und verbeugte sich vor den Damen, als der Wagen zum Gefängnis rollte. Alle erhielten eine lebenslange Haftstrafe. Allerdings wurden Jim und Cole Younger nach 25 Jahren Gefängnishaft bedingt aus der Haft entlassen.

Frank James wurde nicht gefangengenommen. Jesse lebte halbzurückgezogen in der protzigen Gegend um Nashville, führte ein gemütliches Leben, rauchte dicke teure Zigarren, beteiligte sich an Pferderennen und sonnte sich am Nachmittag. Er gab sich selbst als einen gewissen "Mr. Howard" aus und hegte wirklich nicht die Absicht, seine wirkliche Identität des großen Jesse James preiszugeben. Nach einiger Zeit begab er sich nach Californien und besuchte seinen Onkel in Paso Robles, dann ging er zum Weinland im Napa Valley, um einige Freunde zu besuchen. Aber dieses Leben wurde ihm zu stumpfsinnig, er kehrte nach Hause zurück.

Zurück in den Sattel und zum Gewehr. Im Juli 1881 beraubte er eine Poststation in Muscle Shoals, Alabama. Dabei schoß er den Stationsleiter und einen ehrgeizigen Passagier nieder. Im selbigen Jahr wurde auch Billy The Kid in New Mexico erschossen.

Nun wurden Steckbriefe mit dem Wortlaut: "10.000 Dollar Belohnung - tot oder lebendig - für die Ergreifung von Jesse James" veröffentlicht. Bob Ford, ein ehemaliges Bandenmitglied, konnte diesem Geldbetrag nicht widerstehen. In Jesse's eigenem Haus griff er einfach nach einer von Jesse's Pistolen, die auf dem Tisch lagen, und tötete Jesse, während dieser gerade ein Bild begradigte, das an der Wand hing,

Alle Leute in Missouri trauerten um den Tod von Jesse. Frank James ergab sich selbst beim Gouverneur. Das war das Ende des Banditentums der James. Dieses konnte man auch daran erkennen, daß Frank James ein wenig später einer beruflichen Tätigkeit als Pförtner und Aufpasser in einem Variete in St. Louis nachging.

WILD BILL HICKOK   1837 - 1876

James Butler Hickok oder "Wild Bill" bestellte solange das Land auf dem Bauernhof seines Vaters im La Salle County, Illinois, bis er genug Mumm in den Knochen hatte, sich in die große weite Welt aufzumachen. Im Jahre 1851 - nach einigen pistolenpraktischen Übungen hinter der Scheune - erlangte er als "Marshal Hickok" Berühmtheit, als er sich um die Probleme und Schwierigkeiten im Monticello Township kümmerte. Er war der geborene Gesetzeshüter.

Seine Begabung, mit der Pistole umzugehen, stellte er unter Beweis, als er im Jahre 1858 fünf Desperados bei einer Straßenrauferei in Leavenworth niederschoß. Kriminelle konnten in Bill's Amtsbezirk in der Stadt nicht herumschießen. Auch war er mit dem Messer genauso schnell, welches er in seiner Pistolenschärpe immer bei sich trug.

Er lernte jeden Fuß des Santa Fe Trail kennen, als er die Linienkutsche lenkte, aber diesen Job mußte er eines Tages aufgeben, nachdem ein Grizzly-Bär ihn übel zugerichtet hatte. Er wurde dann von der Gesellschaft zur Rock Creek Station nach Nebraska versetzt. Dort zehrte ein Mann namens David McCanles derart an Bill's Nerven, daß Bill einfach die Beherrschung verlor und ihn niedermähte. Er ritt wie der Teufel davon und hatte aufgrund dessen mit fünf Kohorten eine Schußwaffenauseinandersetzung, die er aber erfolgreich bestehen konnte. Bill verrichtete die Dinge nie halb, sondern leistete ganze Arbeit.

Independence, eine Grenzersiedlung in Missouri, benötigte einen Gesetzeshüter, der so furchtlos war wie Wild Bill. Er nahm den Job an, und in ca. zwei Wochen säuberte er alles: Angeber, Kriminelle, die schnell die Waffe zogen, Herumtreiber, rauhe und böse Gesellen. Dann gab er diesen Job auf und diente der Federal Army als Kundschafter in Arkansas und im Indianergebiet.

Für Bill war die Welt groß und weit, aber das machte ihn keineswegs ängstlich. Er wurde mit allem fertig, auch mit dem berüchtigten und blutrünstigen Dave Tutt. Obwohl Wild Bill genau wußte, daß die blonde Dame, für die er sich interessierte, in einer persönlichen Beziehung zu Tutt stand, näherte er sich ihr in derselben Weise, da er nun einmal Frauen mochte. Dieses brachte Tutt in Wut, und er verlangte eine endgültige Bereinigung der Angelegenheit. Die endgültige Bereinigung bekam er an einem Sonntag, als beide des Morgens hinaus auf die weite Straße gingen, zum Schrecken der Leute. Beide zogen gleichzeitig, Bill schoß zuerst, drehte sich um und ging unbekümmerter Dinge weg, während Tutt zitterte, als ob er durch die Kugel, die er verspürte, völlig in Ekstase geriet. Er stolperte und fiel der Länge nach auf sein Gesicht, ohne noch die geringste Kraft zu besitzen, den Abzug seiner Waffe zu erreichen. Er war bereits tot, als er zu Boden fiel.

Vielleicht mag es den Leser zum Schmunzeln veranlassen, wenn er einmal das Erscheinungsbild von Wild Bill mit seinen Rüschen und sonstigen Finessen seiner großartigen Kleidung, seinen großen Pfannkuchenhut, seinen gestriegelten Schnurrbart und sein wallendes Haar näher betrachtet. Aber der texanische Cowboy machte sich darüber überhaupt nicht mehr lustig, als Bill zum Mann des Gesetzes in Hays City, Kansas, wurde. "Keine Waffen in Hays City, Sir!" Der Leitsatz war: "Nimm sie ab oder Du wirst auf der Stelle erschossen!" Bill hielt dieses mit eiserner Hand ein. Sein Ruf war so wirkungsvoll, daß ein Cowboy schon bei dem Gedanken an ihn zittern und erbeben konnte, da Bill immer irgendeinen berühmtberüchtigten Mann niedermähte, und so sein Bekanntheitsgrad immer größere Kreise und Bahnen zog. Bill's Fähigkeit, die Waffe blitzschnell ziehen zu können, wurde in vielen Kneipen im Alten Westen zum Gesprächsthema. Bill war die stolze Erscheinung eines Mannes mit breiten Schultern, mit einer lockeren Haarmähne und mit dem Blick eines Adlers, mit dem er die Gesichter in seiner Umgebung eingehend musterte und beobachtete.

Bear River Tom Smith war bei der Ausführung seiner Philosophie des Nichttragens einer Waffe zu ehrgeizig zu Werke gegangen; mit ein oder zwei Kugeln wurde er schließlich bis in alle Ewigkeit an der weiteren eigenen Ausführung seiner Philosophie gehindert. So geschah es im Jahre 1871, daß Abilene einen Mann wie Hickok brauchte, um Smith's Werk weiter fortzuführen. Wild Bill wurde angenommen, und er ging auf den Holzbretterfußgängerwegen einher wie ein stolzer Löwe. Er guckte sich die Gesichter genau an, nahm Rundgänge auch an den Theken der Saloons vor, blieb für eine gewisse Zeit da und forderte jeden Cowboy auf, seine Waffen abzuschnallen etc... Bill hatte für die Damen immer ein freundliches Lä-

cheln übrig und tippte dabei kurz an seinen großen weiten Hut.
Ben Thompson's Freund Phil Coe war Mitbesitzer des berühmten Bull's Head Saloon. Als Wild Bill dort ein pornographisches Bild sah, welches draußen überm Saloon hing, benahm er sich ein wenig eingeschnappt. Er befahl, es zu entfernen. Nach und nach reifte bei ihm der Wunsch heran, diese Meinungsverschiedenheit mittels Duell zu klären, und er erschoß Phil Coe auf der Stelle, wirbelte herum und traf dabei mit seiner Waffe aus Versehen auch seinen eigenen Stellvertreter Mike Williams. Viele sind der Meinung, daß zu dieser Zeit Wild Bill bereits im Begriff war zu erblinden, da er sich ja später in Cheyenne einer ärztlichen Untersuchung unterzog und der dortige Arzt dieser Außenstation, gemäß den Unterlagen des Nationalen Archives in Washington, notierte, daß sein Patient an der Krankheit des Grünen Stars litt und der Prozeß des Erblindens weiter voranschritt.
Im Jahre 1876 wirkte Bill bei der Buffalo Bill Cody's Wild West Show mit. Diese Art des vorgaukelnden Lebens jedoch war auf die Dauer nichts für Menschen seines Schlages. Schließlich zog er weiter zu den Black Hills, Süd-Dakota. In Deadwood wurde er von der Kugel einer Schußwaffe am Hinterkopf tödlich getroffen, während er im Carl Mann's Saloon Karten spielte. Der Täter war ein unter Alkoholeinfluß stehender Trunkenbold, der durch eine Gerichtsverhandlung strafrechtmäßig und rechtskräftig zum Tode verurteilt wurde. Im Jahre 1877 wurde dieser in Custer City gehängt.

BILL LONGLEY   1851 - 1878

Bill Longley gehörte sicherlich zu den Revolvermännern, die die Hölle auf Erden verkörperten. Er hatte den 'Anti-Negerkomplex' und reagierte dementsprechend auch in herumwütender Weise, indem er dabei seine Zwillings-Colts einsetzte. Er hatte keine Gewissensbisse. Es wird gesagt, daß er einen Schwarzen schon dann niederschoß, wenn dieser eine leicht negative Andeutung über seinen Vater von sich gab.

Er wurde im Jahre 1851 im Austin County, Texas, geboren. Sein Vater gehörte zur Sam Houston's Armee, worauf sein Vater auch sehr stolz war. Infolgedessen verstand er auch viel von Feuerwaffen. Dieses Erbe gab er an seinen Sohn weiter, der lernte, mit diesem Handwerk sehr gut umzugehen.

Bill haßte freie Schwarze. Eines Nachts ritt er wie der Teufel durch Lexington und schoß acht schwarze Männer nieder; sie waren allesamt ehrenwerte Leute gewesen. Es war nicht verwunderlich, daß er bei den Schwarzen Furcht und Schrecken verbreitete. Er trug die Waffen angeschnallt an der Hüfte, und die Enden der Lederbänder baumelten an seinen Beinen, so daß man eigentlich nicht mehr rätseln mußte, ob er nun ein Mörder war oder nicht.

Die Federals hatten ihm gegenüber starke Antipathien und versuchten, ihn mit Pferden niederzureiten. Bill tötete den hochnäsigen Sergeant und begab sich dann Richtung Arkansas. Als er beim Lagerfeuer saß, gesellte sich ein Herumtreiber mit dem Namen Johnson (in Wirklichkeit ein Pferdedieb) zu ihm. Eines Nachts wurden sie von den Feds überrascht. Sie banden sie hoch an einen Baum und trieben die Pferde unter ihnen weg. Bevor sie jedoch wegritten, schossen sie auf die baumelnden Figuren. Johnson wurde stranguliert und starb. Bill hatte Glück: Sein Strick wurde von einer verirrten Kugel getroffen, und er landete mit seinen Füßen auf dem Erdboden - lebend!

Auch war das Glück auf seiner Seite, als er auf einen der prahlenden Feds traf, der ihm angeberisch berichtete, wie er einen großen Burschen an einem Eichenbaum erhängt hatte. Da verspürte dieser auf einmal Bill's Colt. Bill forderte ihn auf, mit ihm zu gehen. Er führte ihn zu demselben Baum und erhängte ihn an derselben Stelle.

Einmal trieb er eine Herde nach Abilene, Kansas. Sein Boss

war ein eingebildeter Laffe, der gerne über seine eigenen Schieß- und schnellen Ziehkünste prahlte. Eines Abends am Lagerfeuer bat er Bill, mit ihm um die Wette zu ziehen. Bill machte sich bereit, vergaß dann aber, daß dieses nur Spaß war, und schoß den Mann aus Versehen tot.

Bill war ein echter Texaner, der viel von seiner Heimat hielt. Eines Tages hörte er einem Mann zu, der sich mit seinem Bauch zum Saloon bewegte und lauthals verkündete, daß alle Texaner Pferdediebe und deren Frauen Huren seien. Da gab es für Bill nichts anderes als ihm das Mundwerk zu zerschlagen, ihn niederzuschmettern und ihn dann zu töten. Er ritt von Abilene weg, als er hörte, daß von nun an Wild Bill Hickok keine Schießerei mehr dort duldete.

Bill hatte oft Schwierigkeiten, zu Geld zu kommen, und so war er oft gezwungen, mit einem steckbrieflich gesuchten Mann zu kämpfen, ihn niederzumähen, um dann die 500 Dollar Belohnung vom Sheriff zu erhalten. Einmal verwendete er nach dem Erhalt der Belohnung einen gewissen Betrag für den käuflichen Erwerb zweier Pistolen. In jenen Tagen mußte man die Waffe wirbelnd herumschleudern, die Balance ausprobieren, spannen, die Trommel zuschlagen und wieder die Balance ausprobieren. Dieses tat Bill auch, aber zu allem Übel hatte er auch noch Munition eingelegt. Er erblickte einen Schwarzen, der über die Straße schlenderte, zielte auf ihn und tötete ihn. Lässig sagte er dann dem Ladeninhaber, daß es schöne Waffen seien, und bezahlte sie. Der Sheriff kam eilig herbei und wollte ihn unter Arrest stellen. "Ich glaube, ich muß Dich auch noch töten!", sagte Bill und schoß den Gesetzeshüter in den Bauch.

Die U.S. Regierung hatte auf seinen Kopf in Fredericksburg, Texas, ein Handgeld ausgesetzt. Er wurde ergriffen, als er dinierte. Man brachte ihn zum U.S. Marshal, aber die Regierung weigerte sich, dafür eine Belohnung auszuzahlen. Bill konnte telegraphisch seine Leute benachrichtigen, die dann einen Reiter mit dem Geld schickten, und so konnte Bill wieder frei herumlaufen.

Bill begab sich nach Old Mexiko und erschoß dort zwei oder drei Mexikaner, die schnell mit der Waffe bei der Hand waren, tötete dann einen anderen Mann mit der bloßen Faust, da er keine Waffe zur Hand hatte. In der Nähe von San Antonio erschoß er einen anderen Mann und mußte dabei beide Waffen leerschießen, bevor dieser zu Boden fiel und starb.

Bill beging einen für sich fatalen Fehler, als er den Tod seines Vetters rächte, indem er den Mord an einem Mann in der Öffentlichkeit verübte. Er wurde sofort gefangengenommen und wurde dann zum Tode durch den Strang verurteilt. Seine einzige Sorge im Gefängnis war, daß man bei ihm auch ein so mildes Gerichtsurteil fällen sollte wie bei John Wesley Hardin, einem anderen bekannten Revolvermann, der auch schnell die Waffe zog.

Bill Longley war im Jahre 1878 nur 27 Jahre alt geworden und hatte 31 Männer getötet. Er zündete sich seine letzte Zigarre an und erklomm den Galgenbau. Er lächelte sprichwörtlich seine Vollstrecker an, welche selbst aber am ganzen Leibe zitterten. Nachdem der Mechanismus ausgelöst worden war, zog sich die Schlinge zu, und Bill hängte. "Jetzt wird bei dem Hund aber ganze Arbeit geleistet!", schrien die Gefängnisleute. Und so geschah es. Bill starb in genau 11 Minuten.

BEN THOMPSON   1843 - 1884

Ben Thompson war im Kämpfen mit der Waffe hervorragend und besaß außerdem auch noch eine gute Begabung im Beobachten und die daraus resultierende Begabung für Vorahnungen. Hätte er diese Eigenschaften nicht gehabt, so wäre er sicherlich aufgrund der Fehleinschätzung einer Situation eher gestorben.

Im Jahre 1843 wurde er in Lockhard geboren, welches in Texas liegt. Als junger Mann war er beruflich als Drucker tätig, aber er hatte den Drang zu aufregenderen Dingen. In New Orleans tötete er seinen ersten Mann wegen Streitigkeiten über eine Frau.

Ben geriet in den Bann der Glücksspiele und war in vielen großen Saloons in der Stadt ein bekanntes Gesicht. Er trug immer eine oder auch zwei Pistolen bei sich.

Im Bürgerkrieg war Ben in Baylor's Confederierten Regiment. Aber er hatte eine Schußwaffenauseinandersetzung mit seinem Sergeant, den er dabei sofort niedermähte. Anschließend desertierte er. In Austin tötete er einen durchtriebenen Kriminellen namens Coombs. Dann erschoß er drei Mexikaner bei Nuevo Laredo. Er begab sich nach Old Mexiko und stellte sich in den Dienst des Kaiser Maximilian. Als aber der Kaiser exekutiert wurde, quittierte er den Dienst und ritt zurück nach Texas. Dort wurde er vor Gericht wegen des Mordes an Coombs angeklagt, aber dann freigesprochen.

Jetzt ging der Revolvermann stolzen Hauptes und mit seinem seidenen Hut und seinem Spazierstock einher. Er und sein Bruder schweiften umher, fluchten und teufelten auf jedem Zoll des Weges und schossen sich ihren Weg frei.

Zu dieser Zeit war Wild Bill Hickok Marshal von Abilene, und die Leute in der Stadt hörten auf ihn. Ben und ein Mann namens Phil Coe eröffneten dort einen Saloon mit dem Namen Bull's Head. Ben montierte draußen ein Schild, welches Wild Bill als pornographisch einstufte, und infolgedessen wurde das Schild dann entfernt. Dann verließ Ben die Stadt und begab sich nach Kansas City. Als er fortging, erschoß Wild Bill Coe und ließ ihn tot auf der Straße liegen. Obwohl Ben Wild Bill nie wiedersah, sagte er, daß er nach ihm Ausschau halten würde, um ihn niederzumähen.

Es wird gesagt, daß Ben und sein Bruder Bill bis zu diesem

Zeitpunkt bereits 25 Männer niedergeschossen hatten. Bill liebte die Feuerwaffen und die Anwendung derselben, und aus diesem Grunde tötete er auch Sheriff C.B. Whitney in voller Absicht mit mehreren groben Schrotladungen auf dem Ellsworth Platz. Während Bill floh, blieb Ben in der Nähe von Schutzleuten außerhalb der Stadt und versteckte sich dann hinter den Gebäuden. Als Ben ihnen darauf zu oft zurief doch zu kommen und zu kämpfen, erschien die Gestalt eines einzigen Mannes, der sich gerade ein Abzeichen und ein paar Pistolen vom Bürgermeister hatte geben lassen. Dieser Mann war der junge Wyatt Earp. Er sagte ihm, wenn er sein Gewehr nicht herunterwerfen würde, würde er ihn töten. Ben hatte eine seltsame Vorahnung und warf das Gewehr herunter. Er mußte 25 Dollar Strafe zahlen wegen Ruhestörung, und sein Bruder wurde in einer für ihn anberaumten Gerichtsverhandlung freigesprochen. Earp gab sein Abzeichen wieder zurück, da er diese Art von Justiz mißbilligte.

Ben begab sich nach Colorado und wurde dort als bewaffneter Räuber für den geplanten Kampf der Denver und Rio Grande Eisenbahn in Santa Fe angeheuert. Aber es stieg kein einziges Rauchwölkchen der Colts und Gewehre gen Himmel, da Ben vor dem geplanten Kampf am Pass die 20.000 Dollar von der D&RG bereits an sich genommen hatte. Somit setzte er vorzeitig dem geplanten Kampf ein Ende.

In der City of Austin bekam er den Job als City Marshal, aber er tötete zu viele Leute, und so entließ man ihn wieder.

In San Antonio schoß er dann einen Saloon- und Theaterbesitzer namens Jack Harris nieder. Später in Austin traf er seinen alten Freund King Fisher wieder. Dieser war auch ein berühmter Revolvermann. Die beiden begaben sich wieder nach San Antonio. Dort angekommen, betraten sie auch die Geschäftsräume des von Ben erschossenen Besitzers Jack Harris. Das war ein Fehler! Ihnen wurden mehrere Schußsalven verabreicht, die sie endgültig ins Jenseits beförderten.

Ben war 41 Jahre alt geworden und hatte über 40 Männer getötet, als er selbst niedergemäht wurde. Seine Beerdigung zog eine sehr lange Menschenschlange nach sich. Sein langer Hut aus Seide zierte den Deckel seines Sarges.

KING FISHER   1854 - 1884

Das Leben in Old Mexico drückt jedem Mann einen Stempel auf. Dieses war auch bei King Fisher der Fall, der gut aussah und ein prahlerischer Mann war, der schnell mit der Waffe zur Sache ging. Er hatte einen großen schwarzen Schnurrbart und ein natürliches Lächeln im Gesicht. Er verkörperte die Eleganz eines mexikanischen Gentleman und hatte mit Billy The Kid vieles gemein, der sich diese Eigenschaften erwarb, als er bei den Latein-Amerikanern lebte. Die feinen Pistolen mit Perlmutthandgriffen und die Silbersporen mit Glöckchen machten aus King Fisher schon eine aufsehenerregende Erscheinung, zumal auch seine Stiefel beim Gehen klingelten und seine seidene Krawatte über seine Schulter flatterte. Oft trug er Hemden mit Spitzen, Kleidung, worüber niemand wagte, irgendeine Bemerkung zu machen, es sei denn, diese Bemerkung wäre positiv und in Form eines Kompliments gewesen.
King Fisher zählte zu den besten Revolvermännern, wie Ben Thompson, John Wesley Hardin etc... Seine Schießhand bewegte sich in unsehbarer Geschwindigkeit und unglaublicher Leichtigkeit, sein Schuß war tödlich, sogar in größerer Entfernung.
Fisher verbrachte die meiste Zeit unterhalb der Grenze, und er machte sich ein Vergnügen daraus, erst von Bandidos überfallen zu werden, dann aber seine Waffen herauszuschwingen, um sie anschließend niederzumähen. Er ließ immer ein oder zwei Männer übrig, damit sie fliehen und so die Kunde über den furchterregenden amerikanischen Revolvermann verbreiten konnten. Viele Banditen machten sich schleunigst aus dem Staube, wenn sie den Mann mit den Gringo-Sporen, den großen Pistolen und der orangefarbenen Seidenkrawatte und mit dem roten Schal, der um seine Taille geschlungen war, erblickten.
King's Spuren zu verfolgen, bedeutete für die Gesetzeshüter einen großen Zeit- und Kostenaufwand, aber sie konnten ihn einfach nicht dingfest machen. Jedesmal entwischte er ihnen durch die Hintertür oder er versteckte sich hinter einem Vorhang und richtete dabei die Waffe auf den Rücken des Kellners im Saloon.
King tötete viele Grenzer, die schnell mit der Waffe bei

der Hand waren. Er ließ ihnen nur so viel Zeit, daß sie schnell ihre Waffe ziehen konnten, und mähte sie dann nieder. Die Mexikaner, die als Augenzeuge zugegen waren, wenn er sich zum Schießen bereit machte, wurden nie müde, über die unheimliche Treffsicherheit und Schnelligkeit des Gringo-Killers zu berichten.

Eines Nachts ging King in eine Cantina, wo ein Fandango stattfand. Er trank viel Schnaps und war 'abgefüllt'. In diesem Zustand schoß er wie wild um sich. Da sagte ein glatzköpfiger Mann, er solle doch seine Schießerei an einem anderen Ort veranstalten, worauf King dann seine Glatze erspähte und auf sie schoß, um zu sehen, ob die Kugel wohl als Querschläger abprallen würde.

Nach einer gewissen Zeit ließ er sich häuslich nieder. Er fing an, in Texas ein ruhiges Leben zu führen. Auf seinem Konto hatte er über 20 illegale Tötungsdelikte an Männern zu verbuchen, und er wollte diesen Betrag nicht vergrößern. Er nahm einen Job als stellvertretender Sheriff im Uvalde County an und wurde ein sehr effektiver und treuer Gesetzeshüter. Eines Tages mußte er in offizieller Sache nach Austin reisen, um die Auslieferung eines Mannes vorzunehmen. Dort traf er seinen alten Freund Ben Thompson wieder, der ja auch ein bekannter Killer und ehemaliger City Marshal von Austin war. Ben schlug vor, sich ein paar Drinks zu 'genehmigen' und sich in der Stadt zu amüsieren. Als es für King an der Zeit war, sich auf den Heimweg nach Uvalde aufzumachen, entschloß sich Ben, ihn bis nach San Antonio zu begleiten. Nachdem sie dort angekommen waren, setzten sie ihre 'große Sause' fort und 'tranken' sich durch die Stadt. Ben machte den Vorschlag, sich eine gute Show im alten Harris Theater anzusehen. (Ben hatte zuvor vor ein paar Monaten den Besitzer dieser Einrichtung erschossen.) So machten sie sich auf, um das Harris Theater zu besuchen. In den Räumen wurden sie plötzlich hinterrücks aus dem Hinterhalt erschossen. Sowohl Fisher als auch Thompson sackten zu Boden, ihre Waffen lugten halb aus dem Versteck.

Genauso wie Ben Thompson hatte auch King Fisher mit der Handfeuerwaffe gelebt, ein gewaltiges und hektisches Leben geführt; 26 tote Männer gingen auf sein Konto. King Fisher war einer der tödlichsten Grenzer-Revolvermänner, die jemals gelebt haben.

Einige alte Leute, die entlang der texanisch-mexikanischen Grenzlinie leben, erzählen Geschichten, in denen sein Name immer wieder auftaucht, genauso wie ihnen dieselben Geschichten von ihren Vätern oder Großvätern erzählt wurden, die den Revolvermann in Aktion gesehen hatten.

JIM COURTRIGHT   1848 - 1887

Jim Courtright zählte zu denen, die immer willens waren, jemandem zu helfen, der Probleme hatte, vorausgesetzt dieser Jemand war ein bekannter Revolvermann. Anhand des äußeren Erscheinungsbildes und daran, in welcher Art und Weise ein Mann seine Waffe bei sich trug, wußte er immer, die betreffende Person richtig einzuschätzen. Der langhaarige Jim hatte mit seinem einzelnen Colt oder mit seinen Zwillings-Colts die Wirkung wie ein 'geölter Blitz'. In Iowa verbrachte er seine Kindheit, wo er auch hinter der Scheune das Schießen gelernt hatte. Das Land lernte er erst kennen, als er als Soldat in den Bürgerkrieg eintrat. Dort wurde in ihm auch das Wohlgefallen am Blutvergießen geweckt. Als Armeekundschafter unter General Logan von Texas, Arizona und New Mexico ließ er sich lange Haare wachsen, und es ergaben sich für ihn viele Gelegenheiten, Kämpfe in den Schankräumen heraufzubeschwören. So konnte der Killer sein seltsames Verlangen befriedigen.

Jim war einer der wenigen Revolvermänner, die am Kopf eine dunkle Hautfarbe und dunkelfarbige Augen hatten, im Gegensatz zu den meisten anderen, die mehr bläuliche Augen und wegen des Nachtlebens auch insgesamt eine blasse Gesichtsfarbe besaßen.

In Fort Worth hatte Jim eine Schußwaffenauseinandersetzung. Bei dieser Auseinandersetzung hatte wohl die halbe Bevölkerung der Stadt die Gelegenheit, ihn dabei zu beobachten, wie er sich bereit machte und dann tötete. So war es auch nicht verwunderlich, daß man ihm damals eine offizielle Ernennung zum Marshal anbot, was er auch prompt annahm. In seinem neuen Amt und in der Eigenschaft dessen mähte er zuerst einige neunmalkluge Angeber nieder, um so auch der Stadt zu zeigen, daß er seinen Job ernstnahm. Er spielte die Politiker gegeneinander aus und erpreßte sie, aber im Laufe der Zeit wirtschaftete er sich dabei selbst herunter, so daß er zum Schluß keine Freunde und auch keinen Job mehr hatte.

Er zog weiter und kam zu einer Bergminenstadt im Lake Valley, New Mexico. Er nahm dort einen Job an, den man wohl als eine Art Selbstmordjob bezeichnen konnte, jedenfalls aus damaliger Sicht der Gesetzeshüter, die diesen Job vor Jim's Zeit angenommen hatten. Jim leistete ganze Arbeit. Er zerschlug die Führungsspitze der Bande, indem er sie so weit provozierte und anstachelte, bis sie gegen ihn die Waffe zogen und er sie dann in Straßenkämpfen systematisch niedermähte. Einem Mann brach er die Hände, dann die Beine, bis er niederkniete und um sein Leben bat, dann zerfetzte er ihn buchstäblich in Stücke. Aber auch in diesem Fall gab es für Jim kein Pardon. Dies war für ihn gute Reklame. Und einem zweiten riß er den Kopf ab. Er mochte diesen Job. Aber die Ausbeutung der Minen ging zur Neige, und die Stadt löste sich auf.

Jim hatte aufgrund seiner Schußwaffenauseinandersetzungen einen solchen Status erlangt, daß die Leute ausriefen: "Achtung, hier kommt Jim Courtright!"
Er bekam einen wiegenden und stolzen Gang, und sein Auftreten und seine Manieren waren lässig und locker. Cool und gelenkig - wie eine Katze.

Da Jim keinen Job bekommen konnte, war er gezwungen, den von General Logan angebotenen Job als Vorarbeiter auf seiner Ranch im American Valley in Mew Mexico anzunehmen. Natürlich konnte Courtright mit Pferden und Schußwaffen recht gut umgehen. Sein Job war es, die Viehdiebe auf der Ranch aufzuspüren und sie gnadenlos zu töten. Aber Jim's Problem war, daß er, wenn er erst einmal in eine Schießerei verwickelt war, nicht wußte, wann es besser wäre aufzuhören oder wen zu töten und wen nicht. Er 'erledigte' nicht nur die mexikanischen Viehdiebe, sondern es befanden sich unter den 'Erledigten' auch ehrbare Einheimische. Für ihn gab es keine Gnade und kein Erbarmen. Dieses brachte die Leute in der Stadt auf, und es wurde auf den General einen solchen Druck ausgeübt, daß er Jim entlassen mußte. Er rict ihm so schnell wie möglich wegzureiten.

Er erreichte wieder Fort Worth und wurde dort vom U.S. Marshal verhaftet. Jim gelang es zu entkommen, und er ging nach Süd-Amerika. Aber einige Monate später kehrte er zurück. Über ihn wurde in einer Gerichtsverhandlung richterlich befunden. Die Gerichtsverhandlung endete mit seinem Freispruch.

Er mußte einen Job als Rausschmeißer in Saloons und Spielkasinos annehmen und tötete mehrere Männer mit dem Alibi der Selbstverteidigung. Schließlich kam er zu dem Entschluß, eine Detektiv-Agentur mit dem Namen "Commercial Detective Agency" zu eröffnen. Dieses war in Wirklichkeit aber eine geheime Unternehmung, um vor allem Falschspieler zu erpressen; entweder sie zahlten einen Betrag an ihn oder sie wurden durchsucht oder gar erschossen.

Schließlich tauchte ein bekannter Revolvermann namens Luke Short in Fort Worth auf und eröffnete den Saloon "Zum Weißen Elefanten". Jim bot ihm seinen sogenannten Schutz an, damit er, Luke Short, sein Geschäft in Ruhe und Frieden führen könne. Aber der Revolvermann aus Dodge erwiderte ihm, er solle zur Hölle fahren oder sonstwo hingehen, auf sein Geschäft könne er mit seinen Fähigkeiten auch selbst allein aufpassen.

Im Februar des Jahres 1887 fand dann der berühmte Straßenkampf zwischen Jim Courtright und Luke Short statt. Luke schoß zuerst und beschädigte Jim's Schlaghammer, Jim's abgegebener Schuß ohne Wirkung kam zu spät, dann schoß Luke dreimal und traf dreimal, Jim torkelte und ging in die Knie, dann fiel er der Länge nach auf sein Gesicht, er starb in seinem 39. Lebensjahr. Aber dazu bedurfte es jemanden, der sehr gut mit der Schußwaffe umgehen konnte.

JOHN WESLEY HARDIN   1853 - 1895

Der Prediger Hardin war ein gottesfürchtiger Reitersmann. Er setzte große Erwartungen und Hoffnungen in seinen Sohn Wesley, der im Jahre 1853 das Licht der Welt erblickte und nach dem Namen eines Bischofs der Methodistischen Kirche benannt wurde. Eine Zeitlang war Wesley Leiter einer Sonntagsschule, aber es reifte in ihm immer stärker der Gedanke heran, sich zu verändern. Nach dem Bürgerkrieg und dem Sieg der Blaujakken gab es bei der Polizei auch Polizisten schwarzer Hautfarbe. Als Wes 15 Jahre alt war, wurde er bei einem Vorfall so wütend und geriet so aus der Fassung, daß er den Mann, einen Schwarzen, im Washington County, Texas, einfach niedermähte. Dann erschoß er vier weitere Männer, die ihn verfolgten. Der junge Hardin war mit einem sechsschüssigen Revolver schon recht geschickt und befand sich gleichzeitig in großen Schwierigkeiten.

Im Grunde war er noch ein halber Junge. Er trug einen Hut mit großer Krempe und eine schwere Pistole, System Kugel mit Zündhütchen, die seine Hose nach unten zog. Er mußte öfters harten Schnaps zu sich nehmen. Dabei traf er auf einen Revolvermann aus Horn Hill, Arkansas. Beim Ziehen der Waffe war dieser schneller, aber Wes's Schuß war besser. Der Revolvermann starb mit einem erstaunten und zugleich entsetzten Gesichtsausdruck. Dann mußte sich der junge Hardin zum Duell mit einem Zirkusaushilfsarbeiter stellen. Er zog schneller und tötete auch ihn. In Kosse traf er auf einen anderen merkwürdigen Typen, der ihn fragte, ob er ihn nicht einfach niedermähen wollte. Es kam zum Kampf, und er tat es. In Waco wurde sich Wes dann seiner besonderen Fähigkeiten bewußt und übertrumpfte einen anderen Revolvermann im schnellen Ziehen der Waffe. Schließlich wurde Hardin ergriffen und ins Gefängnis gebracht. Aber er tötete den stellvertretenden Sheriff Jim Smolly und konnte fliehen.

Fürwahr in gewisser Hinsicht ein Talent. Immer der Nase nach, ab zur Hölle. Acht Männer tot und 'erledigt'. Mit besserer Kleidung auf seinen breiten Schultern, Colt, Patronengurt etc. machte er aus sich eine stattliche Figur. Er begab sich zurück nach Hause zu seinem Vater. Als ehemaliger Captain im Bürgerkrieg wußte sein Vater, was es bedeutete, in der einen Hand die Bibel und in der anderen Hand das Gewehr zu tragen. Er riet seinem Sohn, sich doch nach unten ins alte Mexiko zu begeben, bis Gras über die Sache gewachsen sei. Doch zwischen Belton und Waco wurde er gefangengenommen. Dann des Nachts beim Lager unter freiem Himmel schliefen jedoch die beiden Männer, die ihn bewachten, ein. Wes konnte ein Gewehr ergreifen und weckte wohl jedes Huhn im Umkreis von einer Meile auf, als er die beiden mit Gewehrsalven ins Jenseits beförderte.

Wes's Vettern Joe, Jim, Gyp und Manning Clements, harte Männer, die etwas von Schußwaffen und Vieh verstanden, lagerten im wilden Mesquite Dschungelbusch und bereiteten sich auf einen großen Viehtrieb nach Abilene vor. Man schrieb das Jahr 1871. Sie luden Wes ein, auf dem Chisum Trail mitzukommen, um das Vieh dort entlang zu treiben und gegen Mexikaner und andere zu kämpfen, falls es die Situation erfordern sollte.

Gegen Mitte des Frühlings waren sie an der bekannten Grenzstadt Abilene angelangt, eine Hochburg von blökendem Vieh, Westerngebäuden aus klapprigen Verschalungsbrettern, voll von brodelnden Massen und spaßsuchenden üblen Gesellen aus Texas, die die Saloons füllten, welche der edelgekleidete Killer und Marshal Wild Bill Hickok regelmäßig in seinen Kontrollgängen miteinbezog. Rangierlokomotiven schnauften und keuchten während der ganzen Nacht, das Vieh blökte, die Klavierstimmen vermischten sich mit dem lauten Trubel.

Mit geglättetem Haar durchgingen Wes und seine Vettern die Stadt und schauten sich um. Da begegneten sie dem bekannten Killer Ben Thompson, der einen Zylinderhut trug wie ein Beerdigungsunternehmer und es wohl Wes schmackhaft machen wollte, Wild Bill doch 'umzulegen', da er ja nun einmal Gesetzeshüter in jeglicher Form nicht mochte. Aber Wes war dafür nicht empfänglich und sagte, daß er ihn doch selbst 'umlegen' sollte. Kurze Zeit später begegnete Wes Wild Bill, und sie verstanden sich recht gut. Bill war sehr erstaunt und konnte einfach nicht begreifen, daß Wes erst 18 Jahre alt war und seine Berühmtheit immer größere Kreise zog. (Im Ausland kursiert ein Märchen, daß Wes vor Hickok seine Waffen streckte, aber der kluge Mann schenkt diesen Ausschweifungen keinen Glauben.) Als Wes sich wieder zu seinem Hotelzimmer begab, fing er einen Mann, der zuvor seine Hosen ausgeplündert hatte, und tötete ihn.

Wes hatte mehrere Schußwaffenauseinandersetzungen in Texas zu bestehen und irgendwann fand er zwischenzeitlich das Mädchen seines Herzens und heiratete. Später machte er sich wieder auf und mähte dann Sheriff Dick Reagon und den bekannten und schnell die Waffe benutzenden Gesetzeshüter Sheriff Jack Helms nieder.

Als Wes 21 Jahre alt war, hatte er bis zu diesem Stadium seines Werdegangs ca. 40 Männer getötet. Ein Mann namens Charlie Webb versuchte bei ihm sein Glück und forderte ihn auch auf, die Waffe zu ziehen und sich mit ihm zu duellieren. Wes drehte sich schnell herum und schoß ihm durch das Auge in den Kopf und tötete ihn dadurch. Wes machte sich schnell aus dem Staube, und stattdessen ergriff man dafür seinen Bruder Joe und seine Vettern Bud und Tom Dixon und erhängte sie.

Für kurze Zeit war Wes nun im Jahre 1877 auf der Flucht. Die Texas Rangers ergriffen ihn in Pensacola Junction, Florida. Es wurde eine Gerichtsverhandlung für ihn anberaumt, und man verurteilte ihn zu einer 25-jährigen Haftstrafe zur Verbringung im Huntsville-Gefängnis, wo ihm auch Bill Longley, Mannen Clements und John Ringo teilweise Gesellschaft leisteten. Wes gab sich dort den juristischen Studien hin. Nach 15 Jahren Haftverbüßung wurde er begnadigt. Als er wieder draußen war, begab er sich nach El Paso. Dort eröffnete er eine Kanzlei. Er hatte sich verändert, er war nicht mehr derselbe Mensch. Er brüstete sich und stolzierte prahlerisch einher, er betrank sich, im betrunkenen Zustand schubste er die Leute umher. Bis zu seinem Ende war es nur noch eine Frage der Zeit.

Ein gewisser Polizist John Selman jungen Alters geriet mit Wes wegen einer Frau in Streitigkeiten. Der Vater des jungen Polizisten, er trug denselben Namen, bangte um das Leben seines Sohnes. Im Acme Saloon befand sich Wes gerade beim Würfelspiel, sein Rücken war zur Tür gekehrt. Da stand Selman, zielte sehr genau und mähte ihn einfach nieder.

Wes lebte mit der Schußwaffe, und eine Schußwaffe war es auch, die seinem Leben ein Ende setzte.

WYATT EARP 1848 - 1929

Erzählt von Mr. A.M. King, Wyatt Earp's Stellvertreter

Nur wenige Gesetzeshüter haben so ein aufregendes und angespanntes Leben geführt wie mein Freund Wyatt Earp. Ich habe mit Earp im späten 19. Jahrhundert zusammengearbeitet. Earp erzählte mir, daß er so gegen 1848 in Monmouth, Illinois, das Licht der Welt erblickte. Als Folge des Bürgerkrieges packte sein Vater den Hausrat auf einen großen Wagen und zog gen Westen, nach San Berdu, Californien. Dort ließen sie sich häuslich nieder. Wyatt nahm einen Job als Linienkutschenlenker zwischen L.A. und San Berdu an, später in Arizona, dann auch im Salt Lake Country.

Wyatt war immer recht geschäftstüchtig. Er heuerte eigene Leute an und eröffnete ein Fuhrgeschäft mit Verbindung zur Eisenbahnlinie nach Wyoming. Das verschaffte ihm ein Einkommen, so daß er auch heiraten konnte. Aufgrund einer Typhusepidemie starb seine Frau in jungen Jahren. Dieses Ereignis brachte Wyatt ganz aus seinen Bahnen, er war ziemlich niedergeschlagen. Er machte sich auf nach Kansas City und lernte dort Wild Bill Hickok kennen. Von diesem Meisterkiller lernte er, mit Schußwaffen richtig umzugehen. Auch ging er mit Bat Masterson auf Büffeljagd.

Wyatt kam in dem Augenblick nach Ellsworth, als der bekannte Revolvermann Ben Thompson gerade die Stadt bedrohte und sein doppelläufiges Gewehr in Schußrichtung auf den Bürgermeister und seine Hilfssheriffs hielt, die sich hinter den Türen und Gebäuden verschanzten. Wyatt sagte, daß er das Maul des Texaners wohl stopfen wolle, wenn er nur Waffen und das Abzeichen bekäme. Er bekam alles sofort. Er trat hervor und forderte Thompson auf, seine Waffe auf die Straße zu werfen. Später erzählte Thompson Bat Masterson, daß er eine starke Vorahnung gehabt hätte, daß es Wyatt mit seiner Tötungsandrohung verdammt ernst meinte, und deswegen hätte er auch sein Gewehr niedergeworfen. Dieses Ereignis machte aus Earp entlang des Chisholm Trail einen berühmten Mann. Ben mußte ein Bußgeld von 25 Dollar bezahlen, und sein Bruder Bill, der mit diesem Gewehr C.B. Whitney getötet hatte, wurde freigesprochen. Earp war entsetzt, gab das Abzeichen zurück und stellte somit das Amt wieder zur Verfügung. Sein

Vater hatte ihm andere Gesetze gelehrt.

Im Frühling dann, so erzählte mir Wyatt, begab er sich nach Wichita. Er war jetzt ein berühmter Mann und wurde dort zum stellvertretenden Marshal ernannt. Er machte sich sogleich an eine große zu bewältigende Aufgabe heran: Shanghai Pierce, der ungefähr die Hälfte des gesamten Viehs in Texas besaß. Er teilte ihm mit, daß er und seine Cowboys sich an die Spielregeln der Gesetze halten sollten, andernfalls würde er ihnen die Hölle auf Erden bereiten. Dann ging er einem Revolvermann namens Mannen Clements und seinen Cowboymännern nach, und las ihnen laut die Gesetze vor. Ihm passierte nichts. Sein Bekanntheitsgrad wurde immer größer.

Einmal wollten irgendwelche Texaner mit ihm Streit anfangen und ihn zusammenschlagen. Earp ging in Boxerstellung und richtete beide derart zu, daß sie aussahen, als hätten sie im Inneren eines Bienenstocks Honig gegessen.

Wyatt erzählte, daß er nach einiger Zeit diesen Job an den Nagel hing. Er begab sich nach Dodge und wurde dort Chef Deputy Marshal. Männer wie Bat Masterson, Joe Mason, Bill Tilghman und Charlie Basset waren seine Deputies. Diese kräftigen Kämpfer gingen ihm hilfreich zur Hand, auf sie war Verlaß.

Earp spürte dem berühmten Geächteten Dave Rudabaugh in Fort Griffin, Texas, nach und lernte dort Doktor John H. Holliday kennen. Er war Zahnmediziner und hatte ein Hobby, nämlich: Glücksspiele zu machen und tote Männer unterm Tisch liegen zu lassen. Ein Killer, der wirklich ehrlich zu Gott war und ein Leben lang mit Earp befreundet war. Als Wyatt sich wieder zurück in Dodge befand, zwang er Clay Allison, die Waffen zu strecken, und sorgte dafür, daß dieser Revolvermann aus der Stadt ritt. Dann wollte ein gewisser George Hoydt durch einen Kampf mit Wyatt Berühmtheit erlangen, aber Wyatt holte den ehrgeizigen Mann mit einer Kugel aus dem Sattel.

Der Herbst 1879, so erzählte es mir Wyatt, brachte ihn nach Tombstone, Arizona. Mit der Waffe begleitete er Goldtransportkutschen. Dann fungierte er als Bezirksmarshal in Tombstone. Bis zur Bewußtlosigkeit schlug Wyatt auf Curly Bill Brocius ein, weil dieser seiner Meinung nach den Tod von Marshal White verschuldet hatte. Den Clantons teilte Wyatt mit, daß er mit ihnen keinen Kuhhandel eingehen und sie genauso behandeln würde. Die Clantons betrieben ein regelrechtes Viehdiebgeschäft im großen Stil und arbeiteten mit Sheriff Johnny Behan zusammen. Es war schon eine Art Imperium.

Wyatt ist immer ein tapferer Mann gewesen. Dieses bewies er auch, als er eine aufgebrachte Menge, die Lynchjustiz verüben wollte, mit einem Gewehr an dieser Absicht hinderte. Dieses jedoch gefiel den Clantons ganz und gar nicht. Sie überfielen nämlich Linienkutschen zu jeder Tages- und Nachtzeit. Wyatt mußte für sie viel Zeit in Anspruch nehmen, so daß die anderen Geschäfte, vor allem die Leitung des Oriental Saloons, größtenteils von Bat Masterson und Luke Short wahrgenommen wurden.

Schließlich ereignete sich dann der berühmte Schießkampf am O K Corral, in dem Frank und Tom McLowery und Billy Clanton bei einem Kugelhagel innerhalb von 30 Sekunden niedergemäht wurden. Virgil, Morgan Earp und Doc Holliday wurden verletzt. Doc benutzte eine abgesägte Schrotflinte, die der Länge nach nicht größer war als eine Pistole fürs Pferd. Ike Clanton und John Ringo flohen ins Kakteenland des Alten Mexikos, während Wyatt umherritt und verschiedene andere Mitglieder dieses Viehdiebimperiums niederschoß. Für Old Man Clanton brach die letzte Stunde an, als Mexikaner ihn mit gestohlenem Vieh erwischten.

Wyatt erzählte, daß er schließlich dieser Geschäfte einfach müde wurde. Er begab sich nach San Diego, Californien, und betrieb Maklergeschäfte. Später begab er sich nach Alaska und eröffnete dort den Dexter Saloon. Doch schließlich kam er zurück und war ein wenig im Bergbaugeschäft in der Nähe von Needles tätig und erschloß Land mit Ölvorkommen im Kern County.

Wyatt verstarb im Jahre 1929. Obwohl er ca. 100 Schußwaffenauseinandersetzungen bestreiten mußte, in denen er als der Bessere hervortrat, so starb er dennoch friedlich, seine Stiefel endgültig an den Nagel gehängt, im würdigen Alter von 81 Jahren.

DOC HOLLIDAY 1852 - 1887

Es wäre doch schon recht seltsam, wenn jemand sagen würde, er hätte noch nie in seinem Leben den Namen Doc Holliday gehört, Dr. John H. Holliday. Eigentlich hätte Doc den Beruf des Zahnarztes ausüben sollen, er tat es auch zeitweise, aber er fühlte sich doch mehr zum Glücksspieltisch und zur packenden Spannung eines Messer- oder Pistolenkampfes hingezogen. Wyatt Earp beschrieb ihn als den gefährlichsten Mann seiner Zeit. Doc hatte Tuberkulose, und diese Tatsache war wohl für seine gefahrensreiche Lebensführung ausschlaggebend. Er wußte, daß er im Grunde ein dahinsterbender Mann war, der nicht viel zu verlieren hatte.

Gegen 1852 wurde er als Sohn eines hitzigen Majors der Confederierten Armee in Valdosta, Georgia, geboren und absolvierte später die Medizinische Hochschule in Baltimore. Als ihm dann sein Hausarzt eröffnete, daß er nur noch ein paar Jahre leben würde, packte er seine sieben Sachen zusammen und ging auf Wanderschaft Richtung Texas.

Eine Zeitlang praktizierte er in Dallas, aber nachdem er einige herumwütende Spieler getötet hatte, zog er weiter. Auf der Wanderschaft praktizierte er, trank kontinuierlich, spielte und wurde der Könner seines Fachs im Umgang mit den Pistolen. Er übte sich im schnellen Ziehen bei jeder Gelegenheit. Einmal sprang er bei einem Kartenspiel quer über den Tisch und erstach einen Mitspieler; ein anderes Mal erschoß er zwei weitere in Jacksborough. Mit seinen Feuerwaffen sprach er auch wieder ein Machtwort in Denver, und er erstach noch einen weiteren Mann. In Wyoming tötete er einen weiteren Spieler. Doc war ein chronischer Killer.

Auf den Spuren des Mörders Dave Rudabaugh lernte Wyatt Earp Doc Holliday kennen. Sie waren sich von Anfang an sympathisch. Daraus entwickelte sich eine noch engere Freundschaft, als Doc Wyatt das Leben rettete.

Es gab auch eine "Mrs. Doc Holliday", wohl besser bekannt unter dem Namen Big Nosed Kate. Sie konnte der Teufel in Person sein, aber sie bewies bei vielen Gelegenheiten, daß sie ein Herz für Doc hatte, wenn er seine Hustenanfälle bekam. Sie rettete ihm sogar mehrmals das Leben. So befreite sie ihn zum Beispiel, indem sie ein Gebäude in Brand steckte und Pferde zur Flucht bereit hielt, als Doc in Fort Griffin einen Mann niedergeschossen hatte.

Doc kam nach Dodge City, wo Wyatt zu der Zeit Marshal war. Er traf gerade zu dem Zeitpunkt ein, als eine Reihe von Texas-Cowboys den Gesetzeshüter im Long Branch Saloon in die Ecke gedrängt hatten. Doc stahl sich durch die Hintertür herein, tötete zwei Cowboys und hielt den Rest in Schach. Wyatt warf sie dann ins Gefängnis.

In Santa Fe erschoß Doc drei weitere Männer, die an seiner Ehrlichkeit beim Kartenspiel zweifelten. Im September 1879 traf er dort auch Waytt Earp und die Familie seines Bruders, sie waren auf dem Weg nach Arizona, und Doc zog mit ihnen.

Doc's Loyalität zu Wyatt war schon interessant. Wyatt's Brüdern war Doc nicht zu sympathisch, sie waren aber auch nicht hundertprozentig gegen den Spieler-Killer. Doc war immer zeitlich und örtlich in dem Sinne vollkommen orientiert, also in dem Sinne nicht herkömmlich betrunken, obwohl er ungefähr 4 Quarts Whiskey am Tag konsumierte, 1 Pint schon vor Einnahme des Frühstücks.

Big Nosed Kate kam zu Doc nach Tombstone. Beide gerieten in Streit und Kate rannte in der Stadt herum - sie war betrunken -, schrie einher und teilte jedem in der Stadt mit, daß Doc die Linienkutsche ausgeraubt hätte. Daraufhin ohrfeigte Doc sie und erwiderte ihr, daß, wenn er wirklich die verdammte Linienkutsche ausgeraubt hätte, er ja wohl das gesamte Gold mitgenommen und nicht nur halbe Arbeit geleistet hätte. Als Kate wieder nüchtern war, teilte sie dem Richter mit, daß sie gelogen hatte. Daraufhin gab Doc ihr einiges Geld und sagte zu ihr, daß er sie umbrächte, wenn sie noch ein einziges Mal nach Tombstone zurückkehren würde. Sie wußte, daß er dieses ernst meinte, und kam nie wieder.

Doc war wirklich zum Fürchten, wenn er wütend wurde. Als einmal John Ringo eine Menge Flüche über Wyatt Earp von sich gegeben hatte, ging Doc mit dem abgesägten Schrotgewehr, welches er von Virgil Earp bekommen hatte, durch die Straßen von Tombstone und rief nach Ringo, er solle herauskommen und sich zum Kampfe stellen.

Der Schießkampf am O K Corral war die politische Kraftprobe der zwei Gruppierungen in Tombstone - der Earps und der Clantons. Bei 17 Schüssen, die von den Clantons und von den McLowerys abgegeben wurden, waren bei der Stallung nur drei ein Treffer, jedoch bei den 17 Schüssen, die von Doc und von den Earps abgegeben wurden, waren 13 Treffer zu verzeichnen. Tom, Frank McLowery und Billy Clanton wurden dabei getötet, aber Virgil, Morgan Earp und Doc Holliday wurden nur verletzt. Morgan wurde ein wenig später umgebracht. Wyatt beförderte Curly Bill bei Iron Springs ins Jenseits.

Schließlich machte sich Doc auf nach Denver, wo er im Alter von 35 Jahren in Glenwood Springs dahinsiechend - blaß und dünn, viel zu schwach, um überhaupt noch eine einzige Spielkarte hochzuheben - starb.

CLAY ALLISON   1840 - 1977

Daß ein erfolgreicher Viehzüchter aus Washita zeitweise als ein eleganter Gentleman aus dem Süden auftrat und zusätzlich den Ruf eines berühmten Revolvermannes genoß, der gut mit der Waffe umgehen konnte, war schon recht selten. Aber dieses war bei Clay Allison der Fall. Er haßte Fremde und seltsame Typen, die sich mit Munitionskugeln behingen, Schußwaffen schwangen, sich rühmten und prahlten. Er jagte sie, forderte sie zum Schußwaffenkampf auf der Straße auf, um dann anschließend den Gürtel dieser elenden blutrünstigen Typen abschnallen zu können. Der Texaner, er maß 6 Fuß und 2 Zoll an Körperlänge, war aber auch eine eitle und großspurige Erscheinung. Ursprünglich stammte er aus Tennessee und hatte der Confederierten Armee als Soldat gedient, wo er das einfache und schnelle Töten lernte. Als Guerilla wurde er ein Meister in der 'Kunst' des schnellen Ziehens einer Schußwaffe. Er mochte schwarze Pferde und ritt sehr gerne mit Sporen durch die Stadt, mit einem Geklingel, welches die Damen gerne vernahmen und ihm dabei zuschauten.

Im Indianerterritorium mähte er mehrere Konkurrenten nieder. Dann begab er sich nach Texas und tötete noch weitere Männer, die durch die Schußwaffe Berühmtheit erlangen wollten. Darauf ritt er wieder nach New Mexico und zurück zum texanischen Korridor, immer zum Schußwaffenkampf bereit.

Seine Ranch lag bei Las Animas. Und es konnte jeder Bürger recht lebhaft beschreiben, wie Clay jedes Jahr zu Weihnachten im betrunkenen Zustand die Stadt hochleben ließ, indem er ganze Pistolensalven in den Himmel verschoß und mit seinem Pferd auf den Holzbretterfußgängerwegen hinauf- und wieder hinunterritt, wie ein rollender Donner. Auch konnte jeder Bürger erzählen, wie Clay einmal mit einem Nachbarn wegen eines Zaunes derart in Streit geriet, daß er die Erde für ein Grab aushob, dann mit seinem Nachbarn ins Loch herabstieg und mit ihm einen tödlichen Messerkampf austrug. Anschließend beerdigte Clay diesen Mann mit derselben Ehrfurcht, die eben einem Nachbarn normalerweise bei der Beerdigung gebührt. Ein Marshal wollte etwas in dieser Angelegenheit unternehmen, aber da verspürte er schon eine von Clay's Kugeln in seinem Köper. Clay Allison mähte auch den Marshal von Cimarron, New Mexico, nieder.

Tragödie und Humor stehen in verwandtschaftlicher Beziehung zueinander, so sagt man. Clay trug immer dafür Sorge, daß seine Zähne in gutem Gesamtzustand waren. Aber als der Zahnarzt einmal den falschen Zahn gezogen hatte, fand dieser sich selbst plötzlich in seinem eigenen Patientenstuhl vor, und Clay zog ihm seine oberen Zähne aus, einen Zahn nach dem anderen. Er benutzte auch Gelder vom County dazu, die korrupten Geschworenen des Gerichts mit Schnaps zu versorgen. Manchmal ließ er sogar im Zustand der Nacktheit Canadischen Whisky durch seine Kehle laufen, und er schoß dann auf die, die bei seinen Späßen verbotenerweise guckten. Des öfteren donnerte er auch mit seinem schwarzen Pferd in den Gerichtshof, um ja nicht zu spät zu kommen und das Gericht zu stören.

New Mexico brachte einen Revolvermann namens William Chunk hervor. Er verkehrte häufig in der Schänke, trank viel und lud dann irgendeinen Mann ein, sich mit ihm im Schußwaffenkampf zu messen. Dabei wirbelte er mehrmals seine Waffe herum und schoß auf ein oder zwei Flaschen, unterstrich somit das, was er in dramatischer Weise vorher von sich gegeben hatte, und sah sich dann mit seiner roten Nase die vor Angst bebenden Zuschauer an. Das waren Typen, worauf Clay sich gerne stürzte.

Eines Tages begegneten sie sich. Clay spendierte ein paar Drinks und lud dann den etwas überraschten Gast zum Dinner ein. Die Leute, die normalerweise gerne noch nach dem Mahle ein wenig im Speisesaal verweilten, verließen ihn schnell wieder. Sie sahen, daß Clay's Augen funkelten, und hörten auch, daß er mit schwerer Zunge sprach. Sie wußten, was passieren würde. Clay wurde plötzlich durch die ungehobelten lauten Kaugeräusche, welche aus dem Mundwerk seine Gastes stammten, derart gereizt, daß er dieses Geräusch sofort stoppen wollte und Chunk einfach mit seinem noch im Mund steckenden Salat umbrachte. Er ließ ihn zu seinen Füßen liegen, aß dann weiter, durchlief die einzelnen Gänge des Menüs einschließlich des Nachtisches und trank dann auch noch eine zweite Tasse Kaffee.

Als Wyatt Earp das Sheriffamt in Dodge innehatte, traf er auch einmal mit Clay zusammen. Aber bevor Clay mit ihm sein Spielchen treiben konnte, verspürte er schon den pressenden Druck des harten Laufs von Earp's Waffe an und in seinem Bauch. Mit seinen kühlen blauen Augen forderte Wyatt

Clay auf, sich unverzüglich auf sein schwarzes Pferd zu schwingen und die Stadt zu verlassen, was er dann auch tat. Einige Zeit später kam er wegen eines Viehgeschäfts für kurze Zeit zurück, hatte sich aber zuvor die Erlaubnis dazu von Earp eingeholt, und verließ danach die Stadt wieder, ohne irgendwelche Schwierigkeiten zu machen.

Clay war ein Mann mit gewaltigen Taten und Geschichten, von denen die meisten wahr sind, und jeder war der Meinung, daß er wohl auch irgendwann durch die Waffe sterben würde. Aber die Räder des Schicksals brachten ihn auf den Sitz eines Frachttransportwagens, den er selbst lenkte. Er geriet in ein großes Schlagloch, die Zügel fielen ihm aus der Hand, er stürzte herunter, geriet unter das Wagenrad, sein Rücken wurde unter dem Gewicht zermalmt, und er war auf der Stelle tot.

BAT MASTERSON   1856 - 1921

Bei manchen treten im Leben viele Veränderungen ein. So auch bei Bat Masterson. Er wurde in einem Zeitalter geboren, wo Kultur mehr im Osten der U.S.A. angesiedelt war, Rohheit und Grausamkeit hingegen mehr an den Grenzen des expandierenden Landes, nämlich im Westen, vorherrschten.

Im Jahre 1856 wurde er mit dem Namen William Barclay Masterson zur Welt gebracht. Als junger Mann verließ er sein Elternhaus und war in der großen Ebene als Büffeljäger tätig, zu einer Zeit, in der die großen Herden von Tausenden von Jägern vernichtet wurden. Sie ließen das Fleisch einfach verrotten und schafften das Fell und die Knochen mit dem Zug nach St. Louis.

Bat beschrieb sich selbst als einen Grenzer, der an der historischen Schlacht von Adobe Walls teilgenommen hatte, eine Schlacht, in der 19 Jäger von zusammen 1.000 Commanchen-, Kiowa-, Cheyennen- und Arapahoe-Kriegern angegriffen wurden. Auch Wyatt Earp hielt viel von Bat Masterson, da er ihn zum Mitglied der Dodge City Friedenskommission ernannte. Bat schrieb auch ein Buch über seine Zeit als Grenzer.

Er war ein Kämpfertyp, darin bestand kein Zweifel. Er verstand und kannte das große Land und wurde in Sweetwater, Texas, Armeekundschafter. Die Herleitung seines Namens Bat ist auf einen Vorfall zurückzuführen, der sich in Texas ereignete. Ein Armee-Sergeant namens King hatte eine Freundin, die von Bat zu einem Tanz aufgefordert wurde. Es folgte ein Kampf, in dem Bat mit einem Beinschuß und gebrochenem Knochen davonkam. King wurde durch eine Kugel im Kopf getötet. Wegen dieser Beinverletzung humpelte Bat. Als er dann später Friedensschutzmann wurde, setzte er seinen Gehstock auch als Knüppel gegen widerspenstige Cowboys ein und erhielt so den Namen "Bat" (bat = engl., i.dt. Schläger,Stock).

Wyatt Earp wurde zum Marshal von Dodge ernannt und hatte alle Hände voll zu tun, um mit Cowboys, Spielern und Killern übelster Sorte fertig zu werden, und bot Bat und dessen Bruder Ed einen Job als Deputy an. Dieses Jobangebot wurde von ihnen sofort angenommen. Bat wurde zu einer bekannten Figur. Mit seinem gewaltigen Gehstock und seinem schrägaufgesetzten Hut ging er auf den Holzbretterfußgängerwegen einher, seine Pistolen mit elfenbeinernen Handgriffen schwangen an seinen

Seiten. Er war die geborene Kämpfernatur - ohne Furcht. Er sagte immer, daß er seinem Lehrmeister Wild Bill Hickok für den Schießunterricht zu großem Dank verpflichtet sei.

Bat erhielt Nachricht, daß Wild Bill Hickok in Deadwood, Süd-Dakota, von einem gewissen Jack McCall ermordet wurde. Daraufhin kündigte er und wollte sich die wilde Bergminenstadt näher ansehen. Aber er kam nicht weiter als bis nach Cheyenne, da er nämlich dort sehr viel Geld verlor. Er ging zurück nach Dodge. Er bewarb sich dann um das Amt des Sheriffs im Ford County und erhielt es im Alter von 22 Jahren.

Bat waren viele Revolvermänner, die sich in den Spielhallen der Stadt herumtrieben, recht unsympathisch. Doc Holliday war ihm nicht so unsympathisch, da Doc mit Wyatt Earp befreundet war. Es war Bat, der den berüchtigten Dave Rudabaugh, der Eisenbahnzüge in der Umgegend überfallen hatte, gefangennahm und ihn ins Gefängnis brachte. Bat hatte mehrere üble Burschen in fairen Kämpfen auf der Straße niedergeschossen. Dadurch stieg seine Popularität weiter an.

Ed Masterson war nicht aus demselben Holz geschnitzt wie sein Bruder. In einem Straßenkampf mit den Revolvermännern Alf Walker und Jack Warner wurde er durchlöchert, lag auf der Straße und verblutete. Da kam Bat und setzte den Killern nach, er erschoß sofort Jack Warner und mähte Alf Walker auf seinen Knien nieder - mit einer Kugel in seinen Gedärmen.

In der Zwischenzeit war Wyatt Earp nach Tombstone, Arizona, gegangen und schrieb sowohl Bat als auch Luke Short, ob sie sich nicht zu dieser lebhaften Bergminenstadt aufmachen wollten, er könnte ihnen einen Job in seinem Oriental Saloon anbieten. Sie nahmen das Angebot an und kamen. Jedoch wollte Bat bald sein eigenes Geschäft gründen, verließ Tombstone wieder und ging nach Colorado. Dort eröffnete er in Trinidad ein eigenes Spielhaus.

Bat wurde älter, und er beschloß, es langsamer und ruhiger angehen zu lassen. Ihm wurde ein U.S. Marshal-Amt in Arizona angeboten, aber er lehnte dieses Angebot von Präsident Theodore Roosevelt dankend ab. Stattdessen nahm er einen Posten als U.S. Marshal im Staate New York an. Dann kündigte er auch diesen Job, da er fühlte, daß irgendein Strolch oder Gangster ihn früher oder später doch umbringen würde. Bei der Zeitung New York Morning Telegraph arbeitete er als Sportreporter. Bei Spitzenkämpfen sah man ihn häufig an einem guten Platz oder in Nähe des Rings. Nachts hielt er sich öfters am Broadway auf. Im Jahre 1921 wurde er krank und verstarb im Alter von 65 Jahren.

LUKE SHORT   1854 - 1893

Luke Short lernte das Schießen auf der westtexanischen Ranch seines Vaters hinter der Scheune. Wahrlich, er beherrschte die Schießkunst völlig. Er hatte die Gabe, die Kugel wirklich dahinzulenken, wohin er sie auch haben wollte. Durch seine kleine Körpergröße hatte er wohl den Komplex bekommen, nur mit der Schußwaffe in der Hand auch ein wirklich großer Mann zu sein.

Gegen 1854 erblickte er in Texas das Licht der Welt und arbeitete als Cowboy auf der Ranch seines Vaters, bis er alt genug war, sich aufzumachen und das Elternhaus zu verlassen. Zuerst versuchte er sein Glück als Händler bei den Sioux-Indianern in Nebraska, gelangte dann aber zu der Auffassung, daß es aufregender und einfacher wäre, mit dem Glücksspiel sein Geld zu verdienen. So wurde Luke schließlich zum Revolvermann und Glücksspieler, der sein Kapitel im Geschichtsbuch des Westens schreiben sollte.

In den aufgeschlagenen Minenlagern in Colorado spielte Luke gerne Karten. Daraus ergab sich zwangsläufig, daß Luke mit der Schußwaffe schnell bei der Hand zu sein hatte. Beim Kartenspiel mußte sich Luke öfters den Weg freischießen, wenn einer der Kartenspieler zuvor gewalttätig wurde. Bei solchen gewalttätigen Auseinandersetzungen ging er immer als der Sieger hervor, während seine Gegner tot unterm Tisch lagen.

Wyatt Earp hatte Luke geschrieben und ihm eine Zusammenarbeit mit Bat Masterson in seinem kürzlich neueröffneten Oriental Saloon angeboten. Deswegen ritt Luke zu ihm nach Tombstone, Arizona, um mit Bat im Oriental Saloon zusammenzuarbeiten und um dort für Ordnung zu sorgen.

Seine erste Schußwaffenauseinandersetzung in Tombstone hatte der kleine Luke Short mit dem gefährlichen Charlie Storms. Sie fand öffentlich auf der Straße statt. Jeder konnte sehen, wie Charlie die für ihn hoffnungslose Schußwaffenauseinandersetzung suchte, wie er umfiel und starb.

Luke hatte einen kleinen Schnurrbart und bevorzugte nur feinste Kleidung. Oft trug er einen seidenen Hut und einen langgeschnittenen Mantel und imponierte damit den Damen.

Es war schon erstaunlich, wie die 140 amerikanischen Pounds (ca. 63,5 kg) an Körpergewicht eines doch eleganten

Gentleman das Herz einer Dame erobern konnte. Im Glücksspiel und bei den Damen hatte er gleichermaßen Erfolg und wurde gleichermaßen beglückt.

In den achtziger Jahren ging er nach Dodge City und beteiligte sich dort anteilmäßig an dem Long Branch Saloon. Für das Klavierspiel engagierte er eine schöne Frau, aber es erging eine Amtsverordnung, die es Frauen untersagte, in Saloons am Klavier zu spielen. Luke engagierte aufgrund dessen dann eine Band. Aber eine neue Amtsverordnung untersagte schließlich auch dieses. Zweifelsohne war dort ein Rivale am Werke, der um ihn herum seine politischen Spinnfäden ziehen wollte, um ihn aus einem sehr einträchtigen Geschäft herauszumanövrieren. Luke nahm sein Gewehr und wollte der Sache auf den Grund gehen. Aber am nächsten Morgen wurde ihm mit Waffengewalt mitgeteilt, daß er die Stadt zu verlassen habe.

Zu dieser Zeit befand sich Bat Masterson in Denver, und Wyatt Earp war in Silverton, Colorado, zuvor hatte der berühmte Schießkampf am O K Corral stattgefunden. Luke schickte beiden Telegramme, mit der Bitte so schnell wie möglich zu kommen. Wyatt kam mit vier guten Revolverkämpfern, veranlaßte, daß ein Deputy sie als neue Deputies vereidigte, und so konnten auch sie ihre Waffen in der Stadt tragen. Sie gingen in Dodge zum Bürgermeister und Wyatt diktierte ihm sprichwörtlich seine Bedingungen bezüglich Luke's Geschäft in der Stadt und bezüglich der schönen und von Luke engagierten Klavierspielerin. So setzte sich das geschäftige Treiben im Long Branch Saloon fort.

Luke erhielt ein gutes Angebot für seinen Geschäftsanteil, und er verkaufte.

Er begab sich nach Texas und erwarb die Spielhalle "Zum Weißen Elefanten". Nun hatte Jim Courtright hier eine Detektiv-Agentur und bot den Spielhallen in der Stadt gewisse Schutzdienste an. Zuvor war er Marshal dieser Stadt gewesen, genoß den Ruf eines guten Revolvermannes und ließ es auch jedermann wissen. Luke ließ sich aber von ihm nicht nötigen und teilte ihm mit, er solle zur Hölle fahren, er wäre durchaus in der Lage, selbst für den notwendigen Schutz und die Sicherheit zu sorgen. Daraus entzündete sich ein Streit, und Courtright suchte die Schußwaffenentscheidung. Sein Schlaghammer wurde beschädigt, und er erhielt zusätzlich drei fatale Kugeln, die ihm auf der Straße den Tod brachten.

Manche erzählen, daß Luke später bei einer Schußwaffenauseinandersetzung starb. Das war aber nicht der Fall.
Kurz nachdem er den "Weißen Elefanten" verkauft hatte, wurde er schwer krank und verstarb in Kansas City im Jahre 1893 im Alter von 39 Jahren und zwar im Krankenbett.

OLD MAN CLANTON 1830 - 1882

Old Man Clanton oder N.H. Clanton kam aus dem Land des Franzosen- und Indianerkrieges und erblickte zu der Zeit der Steinschloßgewehre gegen 1830 das Licht der Welt. Von Laredo, Texas, reiste er später weiter gen Westen, fing auf dem Wege herrenloses Vieh ein und verkaufte es in Fort Bowie. Dann zog er weiter nach Californien, zum sogenannten Goldrausch. Dort verbrachte er einige Zeit, bis schließlich die Sicherheitsleute, die für dieses Gebiet zuständig waren, nichts mehr für ihn taten.

Er heiratete, und seine Frau schenkte ihm vier Söhne: Isaac, Ike, Phin und Bill, die schon früh lernten, durch die Zähne zu knurren und zu beißen. Später dann pflegten sie Tabak zu kauen, um ihn anschließend auf den Boden zu spukken. Sie teufelten herum wie tausend Mann. Ihr Lehrmeister: Old Man Clanton. Er unterrichtete sie auch im Umgang des schnellen Ziehens und Schießens einer Schußwaffe, und so wurden sie zu begabten Killern ausgebildet.

Es wird gesagt, daß Old Man Clanton auch wußte, auf seine Art mit den Apachen umzugehen. Nahe Fort Thomas baute er sich eine Ranch auf. Wenn er jemanden, der sich auf seinem Besitz befand, nicht mochte, verwies er ihn des Grundstücks, und einer seiner Jungen provozierte dann einen Streit, und der Mann wurde aus "Selbstverteidigungsgründen" niedergeschossen.

Der Ed Schieffelin's-Schlag hatte Tombstone berühmt gemacht, und Old Man Clanton rückte auf. Er wurde mit seinen Söhnen und noch ein paar anderen, die sich um ihn gesellten, so populär, daß die Zeitung The Tombstone Nugget sie als Cowboy-Partei der Republikaner bezeichnete.

Clanton's politischer Machteinfluß stand in Zusammenhang mit Sheriff Johnny Behan. Er zahlte an Behan gewisse Geldbeträge und hatte dafür als Gegenleistung freie Hand und wurde nicht verhaftet. So zum Beispiel bei dem Wells-Fargo-Schlag oder bei Viehdiebstählen, die sie zu nahe an der Stadtgrenze beginnen.

Old Man Clanton hatte sich eine Organisation aufgebaut. Seine Mitarbeiter waren Curly Bill, John Ringo, Tom und Frank McLowery, Joe Hill, Pony Deal, Jim Hughes, Frank Stillwell und andere, die ungefähr 400 Geächtete als Gefolgsleute unter sich hatten und ihre eigenen Menschenrechte in Ost- und Süd-Arizona diktierten.

An verschiedenen Wasserstellen befanden sich die Hauptquartiere, bis nach New Mexico, Sulphur Springs Valley und noch südlicher. Und es gab in diesem Territorium keinen, der es auch nur wagte, seine Stimme gegen Old Man Clanton's Zorn und Terror zu erheben, der dazu fähig war, mutwillig das Brenneisen im heißen Zustand dem Besitzer unter die Nase zu setzen oder einfach das Vieh innerhalb der Sichtweite des Ranchhauses wegzutreiben. Clanton's 'Jungens' waren allesamt Könner im Schießkampf und liebten es, sich zum Schußwaffenkampf bereitzumachen und mit ihrem Können anzugeben.

Die Clanton 'Jungens' trieben auch die Steuern ein, und es lag in ihrem Ermessen, welcher Betrag festzusetzen war. Curly Bill Brocius ritt oft mit und war als schneller und präziser Vollstrecker bekannt, wenn es mit dem Steuerschätzer und dem zu besteuernden Rancher zu Streitigkeiten kam und es erforderlich wurde, den Rancher niederzumähen. Old Man Clanton und Sheriff Behan verneinten diese Vorfälle und taten sie als einen großen Witz ab.

Aber die Kunde über diesen Skandal wurde so weit verbreitet, daß sich der Congress mit dieser Sache befaßte und in den Kammern darüber öffentlich debattiert wurde. Präsident Garfield wurde angeraten, den Gouverneur Fremont für das Arizona-Territorium zu entlassen. Einige zogen auch inoffiziell die Überlegung in Betracht, dem bekannten Gesetzeshüter Wyatt Earp das U.S. Marshal-Amt für dieses Gebiet zu übertragen. Dieses wurde aber nicht ausgeführt.

Beschwerden und Warnungen aus Washington hatten für die Clantons keine Bedeutung. Washington war weit entfernt. So ritten zum Beispiel Curly Bill, John Ringo, Old Man Clanton und die 'Jungens' ins Skeleton Canyon aus, überfielen hinterrücks einen Mauleselzug, der 75.000 Dollar in Silber mit sich führte, und schlachteten 19 Männer einfach ab. Das meiste der Beute behielt Old Man Clanton selbst, aber er verteilte genug an seine Leute, und sie machten in Galeyville und Charleston eine große 'Sause'.

Mit sechs von seinen 'Jungens' trieb der Old Man gestohlenes Vieh nach Tombstone. Als sie jedoch das Guadalupe Canyon passierten, wurden sie von Mexikanern und von den Verwandten der im Silberzugmassaker Ermordeten aus dem Hinterhalt überfallen. Old Man Clanton und seine Männer wurden tot aus dem Sattel geschossen. Nur Harry Earnshaw konnte fliehen.

Zusammen mit dem berühmten O K Corral Schießkampf wurde die Clanton-Gang ausgelöscht, und Old Man Clanton ging mit seinem versengenden Brenneisen für immer und alle Ewigkeit in die Geschichte des Alten Westens ein.

JOHN RINGO 1844 - 1882

John Ringo sah eher wie ein Tragödiendichter oder Schauspieler aus, nicht aber wie ein typischer Revolvermann. Außerdem sonderte ihn sein gutes Benehmen und sein edles Auftreten von den holprigen und rauhen Elementen ab. Er war ein mehr sich zurückhaltender Typ, und er sprach mit leicht südlichem Akzent.

John Ringo wurde in Texas geboren, seine Eltern und Verwandte aber stammten ursprünglich aus Kentucky. Seine Familie war auf die Younger Vettern wirklich nicht stolz; sie hatten unter Jesse James Züge und Banken überfallen, und deswegen kam es selten vor, daß man über die Abstammung und Herkunft des Großvaters, Colonel Coleman Younger, sprach. Dieser lebte in San Jose, Californien, zusammen mit John's gutaussehenden Schwestern - drei an der Zahl.

In jungen Jahren verließ John das elterliche Haus und bemerkte, daß er im schnellen Ziehen und Schießen talentiert war. Er wollte gen Westen ziehen und irgendwo im Viehgeschäft tätig werden. Er kam nach Dodge City und wurde dort als ein gutaussehender Revolvermann, als jemand, der genauso gefährlich war, wie seine Körpergröße maß, nämlich 6 Fuß und 2 Zoll, bekannt. Ein furchtloser Mann, bei dem man vorsichtig sein mußte.

Er trank viel und zitierte lange Passagen vom Feinsten der Literatur. Seine Manteltaschen waren oft vom Gewicht eines Buches ausgebeult und hingen durch. Wenn er 'angemessen' angetrunken war, trug er Dichterwerke vor, und kein Mann in Dodge hatte auch nur den Mut, über ihn zu lachen und damit die Gefahr einzugehen, daß er sich mit seinen Colts mit den elfenbeinernen Griffen zum Kampf bereitmachte, die immer Todesschüsse "ausspuckten".

Ringo begab sich schließlich nach Tombstone, wo er die Gebrüder Earp kennenlernte und auch seinen Haß auf Doc Holliday, auf den er schon zuvor in Dodge gestoßen war, wieder aufleben ließ. Er trat dem Clanton-"Verein" der Viehdiebe und der Linienkutschenräuber bei. Um Loyalität zu beweisen, fing er mit Wyatt Streit an und wollte sich mit ihm duellieren. Aber Major Thomas, obwohl auch Doc Holliday darin verwickelt wurde, vereitelte dieses Duell. Als die Earps und Doc dann später bei der Verfolgung des Killers Curly

Bill Brocius gerade die San Pedro Brücke überqueren wollten, stand dort auf einmal Ringo, bedrohte sie mit dem Gewehr und fragte sie, ob sie die Sprache seines Gewehrs verspüren wollten. Die Earps und Holliday wußten, daß sie in diesem Falle keine Chance hatten und John Ringo nicht bluffte. Sie waren somit zum Umkehren gezwungen, und dieses taten sie auch.

Billy Claibourne, einer von der Clanton-Gruppierung, und Ringo begaben sich zusammen mit Buckskin Frank Leslie auf eine vierzehntägige Zechtour. Sie "sangen" dieses Ereignis vom "Sattel" und prahlten damit in ganz Süd-Arizona. An jedem Farmhaus hielten sie an und 'genehmigten' sich ein paar Getränke. Schließlich trennten sich ihre Wege. Als Ringo dann das nächste Mal gesehen wurde, lag er im Sulphur Springs Valley in der Nähe des Turkey Creek Canyon unter einem Eichenbaum, die eine Seite seines Kopfes war sprichwörtlich weggesprengt, sein Mantel von ihm weggerissen und seine Füße und Hände waren mit Stoffstreifen seines Hemdes zusammengebunden. Sein Pferd fand man weit entfernt im Canyon, und seine Stiefel waren am Sattel befestigt.

Wyatt Earp und Doc Holliday protestierten gegen den Vorwurf, daß sie etwas mit dieser Sache zu tun hätten, räumten jedoch ein, daß sie ihn wohl gerne niedergeschossen hätten. Claibourne erhob den Zeigefinger gegen Buckskin Frank Leslie. Dieser Killer schwang seinen .45-er Colt heraus und mähte Claibourne dafür in Stücke. Der Fall wurde schließlich gelöst, als John O'Rourke oder "Johnny-Behind-the-Deuce" diese Mordtat gestand. Er fand Ringo betrunken unter dem Eichenbaum vor und erschoß ihn mit Leichtigkeit. Im Jahre 1882 war Ringo 38 Jahre alt geworden, und es sollte zugleich sein letztes Jahr werden. O'Rourke hätte sich Ringo so nie nähern und die Tat so nie begehen können, wenn sich Ringo im nüchternen Zustand befunden hätte.

CURLY BILL BROCIUS   geb.: ?   gest.: 1882

Curly Bill Brocius wurde irgendwo in Texas gegen 1840 (grob geschätzt) geboren. Er war ein übler Revolvermann, der einen Mann schon wegen der geringsten Kleinigkeit töten und dann eine Stunde später beim Kartenspiel schon wieder fröhlich sein konnte. Von Texas ritt er nach Tombstone und traf auf einen der Clanton 'Jungens'. Er erhielt die Einladung, zur Ranch des Old Man Clanton zu kommen. Sie lag bei Lewis Springs, von Charleston hoch nach San Pedro, wo der Anführer des bekannten Viehdiebimperiums Old Man Clanton in seinem großen Chefsessel saß und herrschte. Der junge Clanton berichtete seinem Alten über Curly Bill's Fähigkeiten, schnell mit der Waffe umgehen zu können, und was für ein Draufgänger er doch sei, und Curly Bill wurde akzeptiert und gehörte von nun an zu ihnen.

Curly Bill hatte einen ausgeprägten Charakter. Für einen Dollar konnte er einen Mann halbieren oder für ein Glas Whiskey alles mögliche an Untaten verrichten, wenn er wollte. Schon bald fing er an, Marshal Wyatt Earp zu hassen, weil Earp ihnen nach durchzechten Nächten mit Frank Patterson, Frank und Tom McLowery, Ike und Billy Clanton, Poly Deal, John Ringo etc... auf der Allen Street Schwierigkeiten bereitete. Wyatt forderte sie dann auf, die Waffen loszuschnallen und sie hinter der Theke aufzubewahren. Sie lachten ihm dabei ins Gesicht. Solche Spielchen mochte Curly Bill gern.

Old Man Clanton fand den Burschen mit dem gekräuselten Haar recht sympathisch, vor allem nachdem er ihn ein- bis zweimal in Aktion gesehen hatte. Ihm gefiel die Art und Weise, wie der muskulöse Sechs-Fuß-Große die Führung übernahm und seine 'Jungens' dazu richtig begeistern konnte, Wells Fargo auszurauben, Vieh zu stehlen und es dann schnell nach Old Mexico oder ins Pima County zu treiben. Er war sicherlich die geborene Führungsperson. Clanton sagte immer, daß Curly Bill Brocius eines Tages die Führung von ihm übernehmen sollte und er dann zweifelsohne den Gesetzeshüter Wyatt Earp niedermähen würde, wenn die Zeit des Entscheidungsmachtkampfes herangereift sei. Eines Nachts war Curly betrunken, torkelte krachmachend auf der Allen Street herum, es fiel ein Schuß, und Marshal White wurde getötet. Marshal

Earp schlug auf ihn bis zur Bewußtlosigkeit ein und transportierte ihn zum Gefängnis. Curly vergaß dieses Vorgehen nie. Er war, das steht auf jeden Fall fest, betrunken gewesen, und White habe, so sagte er, nach seiner Waffe gegriffen, dabei habe sich dann ein Schuß gelöst, der in den Bauch des Gesetzeshüters eindrang. Es war nicht Curly Bill's Schuld gewesen. Earp hätte ihn nicht derart zusammenschlagen müssen.

Es war schon eine große Aufgabe, mit mehr als 400 Männern (alles Abtrünnige), über die Wasserstellen und Lager von Tombstone bis unten nach New Mexico verteilt, zusammenzuarbeiten. Curly Bill war für Old Man Clanton eine große Hilfe, da er innerhalb seines riesigen Viehdiebimperiums, des größten Viehdiebimperiums von Amerika, umherritt und seine Interessen wahrnahm. Sie stahlen Vieh von Ranches in ganz Süd-Arizona, Pferde von Armeestationen, Long-Horn-Rinder aus Old Mexico, manchmal 1.000 oder 2.000 auf einmal. Die Nichtbeachtung der internationalen Grenze wurde in Mexico City und in Washington heiß debattiert, Präsident Garfield forderte die Auslöschung des Clanton-Imperiums um jeden Preis. Die Arizona-Viehzüchtervereinigung geriet auch in die Diskussion.

Curly Bill war ein schneller Revolvermann, und viele Männer waren schon in Tombstone und auch in Fort Thomas durch ihn gestorben. Es war Curly Bill, der zusammen mit Old Man Clanton seine Leute in das Skeleton Canyon führte, wo sie den Maulseelzug überfielen, die 75.000 Dollar raubten und die abgeschlachteten Mexikaner einfach zerstreut im Canyon liegen ließen - wahrlich ein historisches Massaker in Arizona. Für Curly Bill war dieses nichts mehr als ein 'gespielter Witz'. Aus Kämpfen in Abilene, in Texas und in Tombstone hatte er mehr als ein Dutzend harte Schläge davongetragen, das war für ihn nicht von Bedeutung. Geld war das, was für ihn zählte.

Die Tage des Texaners jedoch waren gezählt. Sein mutwilliges Töten bei den Steuereintreibungen zusammen mit dem Tod von Morgan Earp, der einfach in einem Pool-Billardraum in Tombstone niedergeschossen wurde, war für Morgan Earp's Bruder Wyatt Earp einfach zu viel, um es noch länger einfach so hinzunehmen.

Im März 1882, nach dem berühmten O K Corral Schießkampf, bildete Wyatt Earp sein berühmtes Polizeiaufgebot und setzte

Indian Charlie, Curly Bill und anderen nach. Er überraschte einige von ihnen bei der Wasserstelle bei Iron Springs. Er sah, wie Curly Bill mit einer abgesägten Schrotflinte auf ihn zielte. Es knallte und er, Wyatt, verspürte einen plötzlichen Ruck an seinem Mantel, es war der Schuß. Curly Bill stieß einen gellenden Schrei aus und warf sein Gewehr gegen ihn, aber es fiel vor die Füße des sich aufbäumenden Pferdes. Sofort gab Earp mit seinem Wells-Fargo-Gewehr eine Doppelladung ab, und 18 Bockschüsse rissen Curly Bill fast in zwei Teile, da die Salven in seinen Unterleib eindrangen. Er schrie im Todeskampf und fiel tot um.

So entledigte sich der Westen eines der übelsten Kriminellen Arizonas für allezeit.

DER MYSTERIÖSE DAVE MATHER   geb.: ?   gest.: ?

Wenn ein Revolvermann mehr handelt als viele Worte zu verlieren, birgt dieses schon etwas Geheimnisvolles in sich. Und dieses war bei Dave Mather der Fall. Die Leute nannten ihn den "Geheimnisvollen" oder auch den "Mysteriösen Dave". Man konnte ihn in Denver in den Saloons antreffen, immer seine Zwillings-Colts unterm Mantel angemessen angeschnallt, verweilte hier und da, warf einen Blick auf die Spieltische der Kartenspieler oder beobachtete sie einfach beim Kartenspiel, aber er selbst spielte nie.

Dave war klein an Gestalt, hatte gestraffte aber schwächlich ausgebildete Schultern, dunkle Augen und einen dunklen Schnurrbart. Auch sonnte er sich häufig auf dem Holzbrettergehweg vor dem Amtsbüro des Sheriffs. Auf Dave's Brust war ein Abzeichen gesteckt. Er war nämlich Deputy in Dodge City.

Dave stammte aus einer Gesetzeshüter- und Seefahrerfamilie aus Massachusetts, seine Vorfahren waren hartgesottene Seeleute gewesen, die die Sieben Meere befahren hatten. Infolgedessen war Dave aus hartem Holz geschnitzt. Viele sagten, daß er ein Nachfahre von Cotton Mather war.

Dave wurde in Dodge von den Männern, die mit der Waffe schnell bei der Hand waren, immer mißtrauisch beäugt, da sich um ihn herum immer etwas Geheimnisvolles schürte, womit sie so recht nichts anzufangen wußten. Eines Nachts geriet Marshal Tom Carson in eine Ansammlung von Desperados, bekannt unter dem Namen "Die Henry-Bande", die alle schnell mit der Waffe bei der Hand waren. Er befand sich in argen Schwierigkeiten, er brauchte Hilfe. Dem Marshal wurde in die Arme und Beine geschossen, und als Dave kam, lag er zum Krüppel niedergeschossen auf dem Boden der Tanzfläche. Aufgrund des hohen Blutverlustes mußte er sterben. Aber bevor er starb, versicherte Dave ihm, daß er dafür jeden der Henry-Bande töten werde. Er erhob sich und setzte ihnen sofort nach, die kleine Treppe herunter, aus der Tanzhalle heraus auf die Straße, in jeder Hand eine Waffe. Er mähte sieben Männer nieder und ließ sie der Länge nach vom Holzbretterfußgängerweg bis zum Long Branch Saloon liegen. Niemand hatte zuvor einen solchen Kampf gesehen. Sie konnten es kaum fassen, daß so ein ruhiger und relativ kleiner Mann in der Lage war, solche Dinge zu verrichten. Dave sprach über diesen Vorfall nicht mehr, und ein paar Tage später saß er wieder auf seinem Stuhl vor dem Sheriff-Amtsbüro.

Dave erlangte nun als ein Killer-Gesetzeshüter Ruhm, und er wurde immer bekannter. Da kam ein Wanderprediger in die Stadt, schlug sein Zelt auf, um zu predigen, Süßholz zu raspeln und Geld einzusammeln. Des Abends ein wenig angetrunken, kam Dave herein, setzte sich nieder und hörte zu. Der "Süßholzprediger" wandte sich thematisch zu Dave und sagte, daß er gerne für diesen Mann sterben würde, um ihn der Menschheit zu erhalten, da er ja schon sieben üble Männer in die Hölle geschickt hätte. Diese Bemerkung brachte Dave auf, er erhob sich und hielt in jeder Hand eine Waffe. Im Nu leerte sich das Zelt, und während die Leute noch zitterten, schickte er den Wanderprediger mit einer Salve ins Dunkel der Nacht hinaus. Am nächsten Morgen war das Zelt abgebaut worden, und die Kinder suchten nach verlorengegangenen Münzen.

Dave entschloß sich, einen Saloon zu eröffnen, aber Marshal T.C. Nixon war in politische Geschäfte verwickelt und versuchte Dave's Vorhaben abzuwürgen. Dave Mather und Nixon stritten sich darüber auf der Straße, dabei kam es zu einem kleinen Schußwechsel, und Mather trug einen Schulterstreifschuß davon. Ein wenig später ging er zum Marshal und sagte, daß für ihn vielleicht die Zeit gekommen sei, Dodge zu verlassen. Von jenem Vorfall allerdings teilte er ihm nichts mit. In der nächsten Nacht begegneten sich Mather und Nixon wieder auf der Straße. Daraus ergab sich dann ein Schießkampf, in dem Dave Mather seine Waffe schneller ziehen und ihn auf der Stelle töten konnte. Da es für diesen Vorfall Augenzeugen gab, war er in der Lage, diesen Vorfall als einen Fall der Selbstverteidigung aufzuweisen.

In den späten Jahren des 19. Jahrhunderts verließ er Dodge und ritt nach San Francisco, dann reiste er per Schiff nach Canada, stellte sein Können im Umgang mit dem Sechs-Schuß-Revolver und dem Pferd unter Beweis und wurde bei der Royal Canadian Mounted Police angenommen.

Vom Gemüt her war er sowieso mehr ein Engländer. Bis 1920 wurde er immer noch in dem Königsblau und Rot gesehen.

Obwohl es über Dave Mather keine Lieder gibt, zählt er doch zu den großartigen Revolverkämpfern des Alten Westens.

PAT GARRETT   1850 - 1908

Patrick Floyd Garrett wurde im tiefen Süden geboren und wuchs in Louisiana auf. Er schoß wie eine Bohnenstange in die Höhe. Er war größer als die anderen seines Alters und sehr selbstbewußt. Deswegen verließ er auch wohl frühzeitig die Schule, nahm seine alte Squirrel-Büchse und machte sich auf in Richtung Westen. Er zog durch den texanischen Korridor nach New Mexico und nahm dort einen Job bei Büffeljägern an. In Fort Sumner lernte er Pete Maxwell kennen und nahm dann bei ihm eine Arbeit als Pferdepfleger und Pferdehüter an. Hier lernte er auch den Jugendlichen William Bonney alias Billy The Kid kennen, ein Junge mit vorstehenden Vorderzähnen, der mit einer .44-er und .40-er Pistole gewaltige Dinge verrichten konnte.

Pat war ungefähr neun Jahre älter als Billy The Kid. Aber diesem Altersunterschied stand nichts im Wege. Sie wurden gute Freunde, spielten zusammen Karten, tranken zusammen und waren auch gemeinsam bei den Fandangos zugegen. Sie waren als "Little Casino" und "Juan Largo" oder "Long John" bekannt. Schließlich trennten sich ihre Wege. Pat Garrett heiratete, und seine Frau Polinaria Guiterrez brachte sieben Kinder zur Welt.

Im Jahre 1880 wurde Garrett in Lincoln County zu einer opportunen Zeit zum Sheriff gewählt, in der gewisse Behördenvertreter sich besonders mit dem Fall Kid beschäftigten. Kid war zuvor im sogenannten Lincoln County Cattle War (Viehkrieg im Lincoln County) aus Sicht der Behörden auf die kriminelle Bahn geraten, und sie hatten auf seinen Kopf eine Belohnung ausgesetzt. Gouverneur Wallace beschloß, Pat Garrett auf seinen alten Jugendfreund und Kameraden Billy The Kid anzusetzen, da er meinte, daß Garrett Kid's Verhaltensweisen und Verstecke bestimmt gut kennen würde.

Garrett's erster Versuch, Kid zu fassen, schlug fehl. In Fort Sumner erschoß Pat Lieutenant Tom O'Folliard, der auf Kid's Seite stand, und Kid floh. Aber Pat verfolgte ihn weiter. Im September 1880 gab es dann in Stinking Spring eine Schießerei. Charlie Bowdre wurde getötet, und Kid kam dann schließlich aus dem verschanzten Stall heraus, als Pat ihn mit vielen Versprechungen und einem wohlriechenden Braten über dem Feuer herbeilockte. Mit Kid zusammen waren der berüchtigte Dave Rudabaugh, Tom Pickett und Billy Wilson anwesend. Pat bewirtete sie mit dem guten Essen, nahm sie dann mit und brachte sie ins Santa Fe Gefängnis. Nach ca. zwei weiteren gelungenen Fluchten fing Pat Kid wieder ein und brachte ihn nach Lincoln, wo er zum Tode durch den Strang verurteilt worden war. Während Pat's Abwesenheit gelang es Kid, beide Wachtposten zu töten, und floh nach Fort Sumner. Dort versteckte er sich bei Pete Maxwell. Pat ritt aus und spürte ihm nach. Eines Nachts versteckte er sich dann in Pete Maxwell's Schlafzimmer und erschoß Kid, als er im Dunkeln in das Schlafzimmer ging. Kid hatte nicht damit gerechnet, daß Pat dort mit seiner Waffe auf ihn gerichtet im Dunkeln sitzen, auf ihn lauern und ihn dann erschießen würde.

Pat wurde für sein Vorgehen heftig kritisiert. Viele dachten, daß die Mexikaner oder andere Freunde Kid's ihn dafür niedermähen würden, da Kid nämlich unbewaffnet gewesen war. Bei seiner Rückkehr trug er ja nur ein Messer in der Hand, womit er sich zuvor im Räucherhaus ein wenig Rindfleisch abgeschnitten hatte.

Pat erlangte durch diesen Vorfall auch einen größeren Bekanntheitsgrad. Alle Zeitungen im Lande verbreiteten die großen Neuigkeiten und schilderten, was der Sheriff aus New Mexico getan hatte. Um eine Belohnung von 500 Dollar zu erhalten, mußte sich Garrett einen Rechtsanwalt nehmen und mit dessen Hilfe das gesetzgebende Organ in Santa Fe dazu bewegen, eine spezielle Verordnung zu erlassen, um die Erhaltung der Belohnung durchsetzen zu können.

Dann verschwand dieses Thema wieder aus den Medien, und in New Mexico kehrte man zu den alltäglichen Dingen zurück. In Fort Stanton stieg Pat in das Viehgechäft ein, verkaufte dann wieder und wurde anschließend Mitglied der Home Rangers, die Viehdiebe im Canadian River Land jagten und aufspürten. Dessen wurde er bald auch müde. Rastlos wie er war, nahm er dann eine leitende Stellung in der Viehbranche bei Captain Brandon Kirby an und arbeitete für eine große britische Gesellschaft, die im Lincoln County tätig war. Pat wurden häufig harte und böse Blicke zugeworfen, sowohl von den Leuten in der Stadt als auch von den Leuten auf den Ranches. Er spürte, daß sie sein Vorgehen im Falle Kid einfach nicht billigten. Zu diesem Zeitpunkt hatte er bereits ein Buch geschrieben, das außerhalb von New Mexico Popularität genoß; aber nicht in New Mexico und vor allem auch nicht im Lincoln County. Die Resonanz war gleich null. Sein "Heldentum" hatte hier den Bumerangeffekt, trotz Theodore Roosevelt's Lobpreisung. Pat wurde allgemein verärgert und reagierte aggressiv, vielerorts schnitten ihn die Leute und hielten sich von ihm fern.

Im Jahre 1886 kündigte er bei Kirby und baute sich in Roswell, New Mexico, eine Ranch auf, aber er hatte damit keinen Erfolg. Im Chaves County bewarb er sich dann um das Amt des Sheriffs, aber auch ohne Erfolg. Dann begab er sich nach Uvalde, Texas, und züchtete dort Pferde. Er schloß mit einem gewissen "Kaktus" John N. Garner Freundschaft, und dieser konnte ihm dazu verhelfen, daß er zum County-Beauftragten gewählt wurde. Ein paar wirkliche Freunde brachten Pat dazu, sich wieder für das Sheriffamt zu bewerben. Er tat dieses und diente für eine Amtsperiode. Dann trat er selbst zurück, und er kaufte sich in den Organ Bergen in Las Cruces eine Ranch.

Pat verpachtete seinen Grundbesitz an einen jungen Rancher, an einen von Natur aus hitzköpfigen Mann namens Wayne Brazil. Wegen eines Streites über Schafe wollte Pat ihn schließlich zwingen, den Grundbesitz zu verlassen. Als Pat sein Gewehr von hinten aus dem Wagen holen wollte, schoß Brazil auf Pat und tötete ihn.

Pat wurde in Las Cruces beerdigt. Sein Grab wurde nicht markiert, und heute kennen nur wenige Leute die Stelle. Diese sagen, daß es ein öder Platz ist, wo nur Wildpflanzen wachsen und gelegentlich zur Nacht das Heulen eines Koyoten zu vernehmen ist.

BILLY THE KID   1859 - 1881

Billy The Kid, mit bürgerlichem Namen Wlliam Bonney, begann mit seinem Werdegang in Silver City im New Mexico Territorium, wo er einen Koloß von Schmied tötete, der zuvor die Ehre seiner Mutter beleidigt hatte. Der Junge war 12 Jahre alt, als er sein Zuhause verließ, und begab sich nie wieder dorthin zurück.

Von der Staatsgrenze bis zum texanischen Korridor hielt er sich in verruchten Städtchen auf und schlief auf Sagebrush-Betten.

John Chisum's Tochter berichtet uns, daß Billy ein wirklich netter Junge war. Er hatte ein reizendes Lächeln und sah vieles gelassen. Er war ein talentierter Musiker und konnte auch einen guten Fandango spielen. Seine Höflichkeit und Freundlichkeit glich fast einem Mexikaner. Aber er hatte ein Temperament, das plötzlich von seinem alten schlappen Pistolenhalfter zu tosenden Schußsalven aufbrausen konnte, unbarmherzig und ohne Reue.

Er 'erledigte' drei Apachen aus Chiracahua im Arizonaland, und später stopfte er in Camp Bowie einem dunkelhäutigen Schmied das Maul, der ihn einen "Billy Goat" (=Ziegenbock; hier Wortspiel, s. auch Anhang d. Buches) genannt hatte. Schließlich gesellte er sich zu einem anderen Jugendlichen, und beide mähten dann mehrere Männer in Kneipen und Spielhallen und entlang der Grenze nieder.

John Chisum war der sogenannte Viehkönig der Pecos. Seine Herden waren für die Murphy-Dolan Interessengruppe, die eine Handelsgesellschaft in der Kleinstadt Lincoln besaß, einfache Beuteobjekte. Diese Interessengruppe verlieh Geldbeträge an gewisse Armeeoffiziere, die ihnen dafür sehr dankbar waren, und als Gegenleistung erhielt diese Interessengruppe dann Verträge für die Indianerreservate. Obwohl auf der Murphy-Dolan Ranch nur ein Bestand von 3.000 Rindern vorhanden war, war es für die Murphy-Dolan Leute doch recht einfach, die erlangten Verträge einzuhalten. Sie stellten nämlich den Revolvermann Billy The Kid und noch ein paar andere ein, und deren Aufgabe war es, mit dem Brenneisen auszureiten und jedes Jahr 3.000 Stück Rindvieh vom alten John Chisum zu stehlen. John Chisum wußte dieses genau, aber er konnte nichts beweisen, nicht zuletzt auch wegen der Größe seines Besitzes.

Der alte John nahm sich einen aufrechten Gentleman namens McSween als Rechtsanwalt, und ein anderer Engländer mit dem Namen Tunstall eröffnete weiter oben an der Straße auch ein Geschäft und stand nun mit der Murphy-Dolan Gruppe in Konkurrenz. Billy kündigte bei dem Viehdiebstahlunternehmen, um jetzt für Mr. Tunstall auf seiner kleinen Rio Feliz Ranch zu arbeiten.

Colonel Murphy war ein sehr temperamentvoller Mensch, und es gefiel ihm gar nicht, wie sich die Dinge entwickelten. Dieser verdammte Tunstall hatte Nerven, dieses neue Geschäft zu eröffnen und ihm Billy einfach wegzunehmen! Er rief Sheriff William Brady und sagte ihm, er solle ein Aufgebot formieren, um damit zur Rio Feliz Ranch zu reiten und dort Ausschau nach einigen von ihm gestohlenen Pferden zu halten, und wenn Tunstall dann Schwierigkeiten machen würde, solle er einfach niedergeschossen werden. Unter diesem verpflichteten und vereidigten Aufgebot befanden sich aber auch einige schießwütige Burschen, mit denen Billy bei Murphy-Dolan zusammengearbeitet hatte.

Sie stießen auf Tunstall, als er sich mit seinem Pferd nach Lincoln begab. Jesse Evans zog seine Pistole und schoß auf ihn, sobald er ihn erspäht hatte. Morton schoß Tunstall in den Kopf, und er fiel von seinem Pferd herunter auf den Boden.

Als Kid von dieser Greueltat hörte, schwor er, daß er jeden Mann töten werde, der darin seine Hand im Spiel gehabt hatte. Er spürte Morton und Baker nach und schoß sie aus dem Sattel. Frank McNab war der nächste. Er wurde niedergemäht, bevor seine Muskeln überhaupt einen Reflex zeigen konnten. Der berühmte Lincoln County Krieg war ausgebrochen.

Der alte John Chisum sah sich gezwungen, ostwärts zu ziehen. Er wollte in den Lincoln County Krieg nicht verwickelt werden. Die Zeitungen hatten alles aufgegriffen, und die ganze Nation richtete ein Augenmerk auf diese Ereignisse im County. Zwischenzeitlich hatte sich Billy zusammen mit verschiedenen anderen im Hause von McSween verbarrikadiert. Billy tötete Sheriff Brady, und es wurde gegen ihn Anklage wegen Mordes erhoben.

Im Juli 1878 trafen Truppeneinheiten aus Fort Stanton ein. Colonel Dudley befahl, auf der Straße eine Kanone aufzustellen, und ordnete einen Waffenstillstand an. Während die Verhandlungen vorangingen, schlichen sich mehrere Leute der Murphy-Dolan Gruppe von hinten an das Haus heran und nahmen es unter Beschuß. Mehrere wurden ermordet, unter ihnen auch McSween. Billy konnte entkommen und rannte um sein Leben.

Diese Neuigkeiten erreichten schließlich auch Washington, und Präsident Rutherford Hayes ernannte Lew Wallace zum neuen Gouverneur von New Mexico. Er befahl ihm, sich dorthin zu begeben und für Ruhe und Ordnung zu sorgen. Der Gouverneur stieß auf Billy The Kid und teilte ihm mit, wenn er sich einer Gerichtsverhandlung unterziehen und in der Mordsache Chapman als Zeuge aussagen würde - Billy hatte nämlich mit eigenen Augen gesehen, wie Frau McSween's einarmiger Rechtssanwalt zuerst gefoltert und dann ermordet wurde - wäre er danach ein freier Mann. Aufgrund dessen ergab sich Billy. Aber dieser Fall wurde gar nicht aufgerollt, nichts kam, und Billy brach aus dem dürftigen Gefängnis aus und machte sich auf nach Fort Sumner.

Ein ehemaliger Freund von Kid, rastlos und lang an Gestalt, mit dem Namen Pat Garrett wurde zum neuen Sheriff gewählt, und Gouverneur Wallace gab ihm den Befehl, Kid aufzuspüren und herbeizuschaffen. Pat Garrett tat dieses, und Kid wurde wieder ins Gefängnis gesteckt. Aber wiederum tat der Gouverneuer für Kid überhaupt nichts, ignorierte ihn völlig und arbeitete vor allem an seinem später berühmten Roman "Ben Hur".

Kid wurde dann nach Lincoln gebracht, dort ins Gefängnis gesteckt, und sah dem Tod durch den Strang entgegen. Er verübte hier seinen später berühmt gewordenen Gefängnisausbruch, indem er die Deputies Bell und Ollinger tötete. Er begab sich nach Fort Sumner, wo dann eines Nachts Pat Garrett im dunklen Schlafzimmer in Pete Maxwell's Haus auf ihn lauerte. Pat gab ihm überhaupt gar keine Chance und erschoß ihn im Dunkeln.

Billy the Kid verstarb im Alter von 21 Jahren. In seinem revolvermännischen Leben hatte er 21 Männer getötet und war ein Opfer der besonderen Ereignisse gewesen. Viele sagen, daß er der Pechvogel im Lincoln County Krieg war.

CALAMITY JANE   1848 - 1903

Den Vorfahren im Alten Westen wurde gelehrt, daß Frauen nicht rauchen und auch keinen Alkohol trinken sollten, außerdem viel weniger die schmutzige Sprache oder geschweige denn Kautabak in den Mund nehmen sollten. Und der Herrgott hat sie auch nicht zum Fellabziehen eines Maulesels oder zur harten Arbeit mit Pickhacke oder Schaufel geschaffen. Aber Martha Jane Canarray, besser bekannt unter dem Namen Calamity Jane, tat just solche Dinge.

Wie sah Calamity aus? Calamity sah der Kleidung nach zu urteilen wie ein Mann aus; aber als Frau war sie doch zu identifizieren, so z.B. als ein schockierter Colonnel der Armee sie zusammen mit seinen Männern beim Baden in einem Fluß sah.

Calamity stammte aus Princeton, Missouri, und wurde gegen 1848 geboren. Die Familie zog mit einem großen Wagen gen Westen und ließ sich in der Bergminenstadt Virginia City, Montana, häuslich nieder. Als kleines Mädchen war es für Calamity dort nicht schwierig, unterhalb der Saloontüren in den Saloon hineinzublicken und sich das bunte Treiben anzusehen. Sie wurde größer und konnte dann eines Tages über die Saloontüren hinweg in den Saloon hineinblicken und das bunte Treiben verfolgen. Schließlich zog sie sich eine Hose von ihrem Vater an und ging in den Saloon hinein, so wie es jedem Viehtreiber auch gestattet war.

Im Jahre 1875 war sie dann unter General Crook als Armeekundschafter im Black Hills Land tätig. Um sie bildete sich dort eine Legende und zwar, daß sie den Revolvermann Wild Bill Hickok liebte. Dieses ist jedoch sehr unwahrscheinlich, da Wild Bill in einem Zelt schlief und in Deadwood nur drei Tage verweilte; am dritten Tage wurde er nämlich von Jack McCall umgebracht.

Es ist schwierig, diese Frau als eine typisch weibliche Person zu beschreiben. Bei der Pockenepidemie in Deadwood ging sie wie ein Heiliger umher und pflegte Leute, die sterbenskrank waren, wieder gesund und erwartete nicht einmal ein Dankeschön. Sogar der alte Dr. Babcock mußte eingestehen, daß in dieser hartgesottenen Frau auch eine Art kleiner Engel steckte, ja sogar ein wenig Himmlisches sich in ihr barg, wenn sie sich um die Kinder kümmerte. Sie konnte sie gewaltig ausschimpfen, aber es war doch irgendwie eine liebliche Art des Herumteufelns.

Charles E. Chaplin von der Historischen Vereinigung Montana beschreibt, wie Calamity einst zu ihm kam, um ihn im East Lynne Opernhaus zu sehen, als er in der Musikgruppe "The Lord Players" spielte: Neben Calamity saß ihr ungehobelter Freund Arkansas Tom, der mit dem Ziehen der Waffe schnell bei der Hand zu sein pflegte. Beim Ausgang des Stückes wurde Calamity sehr verärgert, stand auf und ließ einen langen Strom Tabaksaft durch die Luft fliegen. Der Saft lief dem Star direkt in die Augen und tropfte dann am dem Kostüm herunter. Daraufhin gab Jane's Freund einen kreischenden Schrei von sich und schoß die Lampen aus. Die Menge war begeistert. Jane nahm ihren Freund am Arm, und beide gingen zur Freude der Menge den Mittelgang hinauf. Tom sah Calamity danach leider nie wieder, da er am nächsten Tag bei einem Banküberfall niedergemäht wurde.

Calamity zog weiter durch die Städte des Westens, verdiente sich hier und da ein paar Dollar und heiratete im Laufe der Zeit mehrmals. Sie wurde vom Aussehen her plötzlich schnell alt, so daß im Jahre 1889 nur wenige alte Freunde sie auf Anhieb wiedererkennen konnten. Sie verkaufte ihre kleine Autobiographie für 1/4 Dollar pro Exemplar und bezeichnete sich selbst als den "Weißen Teufel von Yellowstone". Auf diese Weise verdiente sie sich nun ihr Geld. Wenn sie einen Saloon betrat, so riefen die Leute aus: "Hier kommt Calamity Jane!" In fast jedem Staat und Territorium des Staatenbundes war sie ein Begriff.

Sie bereiste Minneapolis, dann Chicago, St. Louis und Kansas City und brachte den wüsten und stürmischen Westen, wie sie ihn durchlebt hatte, auf die Bühne. Irgendwie schaffte sie es immer, sich zu betrinken und dann ohne großes Aufsehen wieder gefeuert zu werden.

Ein wenig später trat sie mit einem ca. siebenjährigen Mädchen auf, von dem sie behauptete, daß es ihre Tochter sei und der Vater derselben kein anderer als Wild Bill Hickok. Dieses stellte sich aber als Unwahrheit heraus, da sie ein gewisser Lieutenant Summers schwängerte, der mit ihr eine Zeitlang umherzog.

Im Jahre 1900 fand sich Calamity in einem unzüchtigen Haus, einem Bordell, wieder und wurde dort gesund kuriert. Sie bekam einen guten Job bei der Pan American Schau bei guter Bezahlung. Aber sie füllte sich wieder mit Alkohol, schoß die Gläser in der Kneipe kaputt und zwang irische Polizisten mit Hilfe ihrer feuerspuckenden Pistolen den irischen Jig zu tanzen. Anschließend torkelte sie die Straße hinunter und verfluchte jeden in der Stadt. Keiner wollte mehr etwas von ihr wissen, sie wurde fallen gelassen.

Im Jahre 1903 starb Calamity in einem schmutzigen kleinen Zimmer des Calloway Hotel im Orte Terry in der Nähe von Deadwood, Süd-Dakota. Ihr letzter Wunsch war, ihr das Datum zu nennen - es war der 2. August 1903 - und sie neben dem großen Revolvermann Wild Bill Hickok auf dem Mount Moriah (Moriah-Berg), von dem aus man die Stadt Deadwood überblikken kann, zu beerdigen.

Ihr Wunsch ging in Erfüllung. Ihre Beerdigung war die größte, die es in Deadwood für eine Frau jemals gegeben hatte. Calamity's Sarg wurde von einem Mann geschlossen, der als Junge von Calamity gesundgepflegt wurde, als so viele bei der Pockenepidemie in Deadwood ihr Leben lassen mußten.

DER BERÜHMTESTE SCHIEßKAMPF DES ALTEN WESTENS

Dieses Bild über den berühmten O K Corral Schießkampf in Tombstone, Arizona, im Jahre 1881, steht schon seit langer Zeit in der öffentlichen Diskussion, hier und da gab es darüber auch schon mal Meinungsverschiedenheiten. Es ist an der Zeit, alles noch einmal richtig abzuklären. Wyatt Earp schilderte mir diesen Vorfall kurz in ein paar Sätzen bei verschiedenen Gelegenheiten. Das Bild wurde vom Künstler nach meinen Angaben gemalt, genauso wie ich es ihm beschrieben habe.

Doc Holliday hatte eine abgesägte Schrotflinte bei sich und kam mit den Gebrüdern Earp, namentlich Wyatt, Morgan und Virgil Earp (Stadtmarshal). Sie hatten sich nicht von der Allen Street, sondern von hinten, besser gesagt, von der Fremont Street zum Ort des Geschehens begeben. Der Mann, der gerade schießt und versucht, das Pferd zu besteigen, ist Tom McLowery (ein wenig später ist er tot), der Mann auf dem

Boden ist sein Bruder Frank McLowery, von Wyatt erschossen. Der Mann ganz rechts ist Billy Clanton (von Doc mit Hilfe seines abgesägten Schrotgewehrs und seiner Pistole erschossen), und der Bursche hinter Billy Clanton ist dessen Bruder Ike Clanton, der sich feige vor Wyatt's Füße wirft, um ihn um Gnade zu bitten, und dann ein wenig später zu Fry's Studioatelier rannte, um sich dort zu verstecken, wo sich auch Sheriff Johnny Behan und der Feigling Billy Claiborne versteckt hielten, die aber während des Kampfes selbst nicht einen einzigen Schuß abgaben.

Die Toten, die aus diesem Kampf hervorgingen: Billy Clanton, Tom und Frank McLowery. Die Verletzten: Morgan und Virgil Earp. Mein alter Freund Wyatt Earp wurde in den Rockschoß getroffen, zusammen mit Doc (Doc wurde aber nicht richtig getroffen).

Das Zustandekommen dieses Schießkampfes resultierte aus der Fehde zwischen der kriminellen Clanton-Bande und den Earp-Gesetzeshütern, eine Fehde zu deren Explosion es im Laufe der Zeit zwangsläufig kommen mußte. Wyatt schickte einen kleinen Mischlingsjungen los, der die Clantons, die sich in den Saloons aufhielten, näher beobachten sollte. Als der Junge wieder zurückkam und Wyatt berichtete, was für üble Pläne jene sich bezüglich der Gesetzeshüter ausgeheckt hatten, war dieses der Funken, der zum Kampfe rief. Die Earps und Doc gingen als erste zum Corral, warteten auf die Clantons, erhoben sich dann und gaben es ihnen, als sie von der Allen Street aus ankamen und auf die Pferde steigen wollten.

Gemäß der Aussage meines Freundes Wyatt Earp dauerte der Kampf nur 30 Sekunden. Das ist alles, mehr nicht. Ich weiß nicht, wie einige darüber ganze Filme oder ganze Bücher schreiben können. Dieses eine Bild genügt doch völlig.

A. M. KING

Stellvertreter von
Wyatt Earp im späten
19. Jahrhundert

JOAQUIN MURRIETTA

(sämtliche Bilder ebenfalls von Lea F. McCarty)

JESSE JAMES

WILD BILL HICKOK

BILL LONGLEY

BEN THOMPSON

KING FISHER

JIM COURTRIGHT

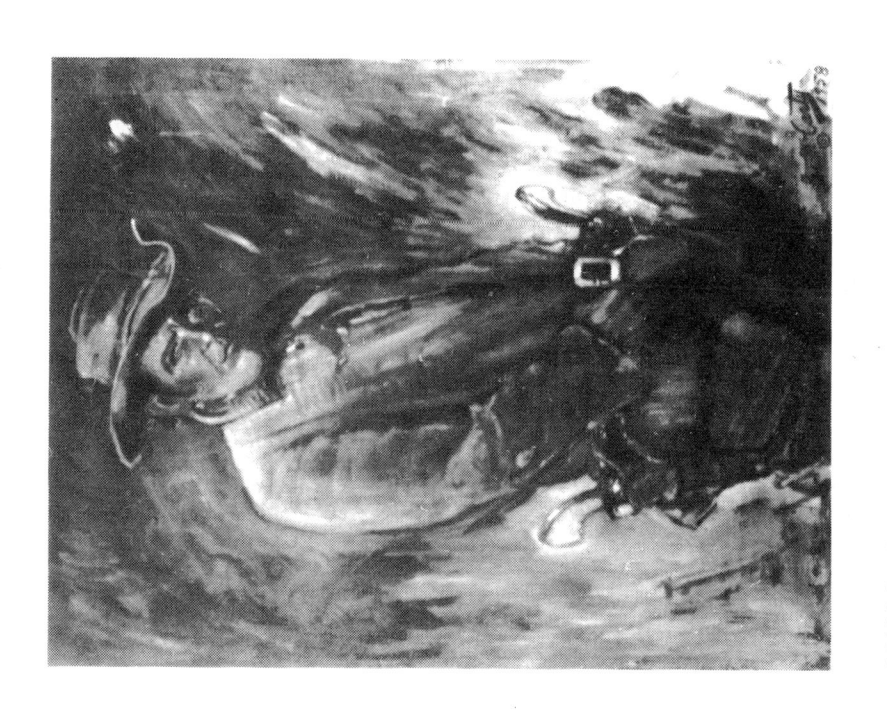

JOHN WESLEY HARDIN

DOC HOLLIDAY

WYATT EARP

CLAY ALLISON

BAT MASTERSON

OLD MAN CLANTON

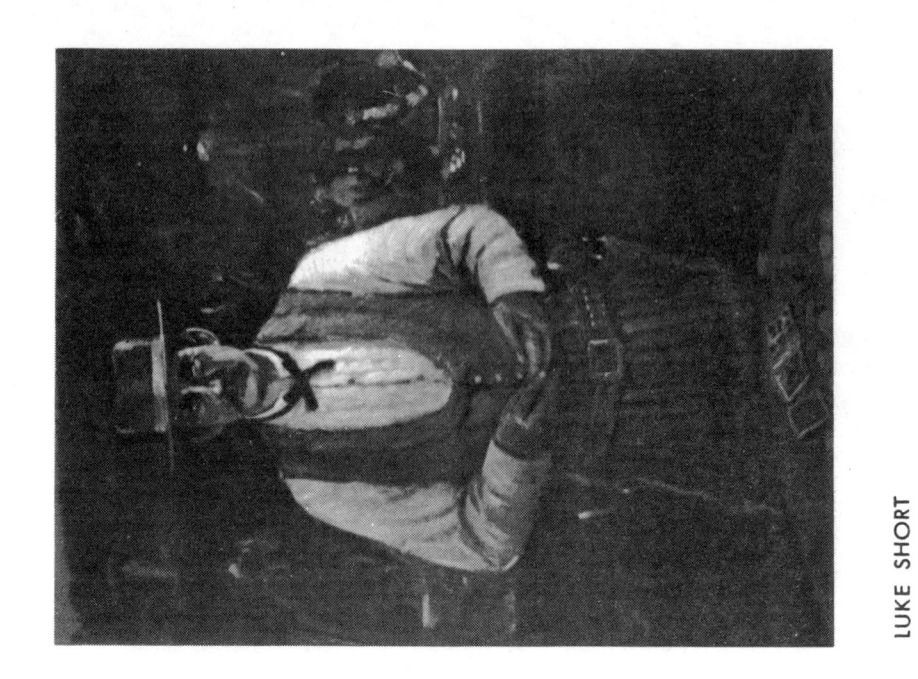

LUKE SHORT

CURLY BILL BROCIUS

JOHN RINGO

DAVE MATHER

PAT GARRETT

BILLY THE KID

CALAMITY JANE

Bisweilen trug Billy the Kid
diesen Double Action (Doppel-
Gang) Colt (Saunders Kollektion)

Colt, Kaliber .44, mit einem
Stecher; er gehörte Cole Younger,
sein Name ist am Griff eingraviert

Joaquin Murrietta trug diesen
Dragoon (Dragoner) Colt, Kaliber .45, - auch als er im Jahre
1853 bei Merced, Californien,
getötet wurde

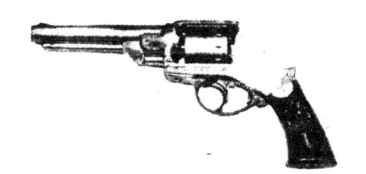

Der Revolver von Jesse James,
Kaliber .44, Double Action; für
jeden getöteten Mann befindet
sich eine Markierung am Griff
(Saunders Kollektion)

Diesen Colt, Kaliber .45, Typ Buntline Special, erhielt Wyatt Earp von dem Autor Ned Buntline als Geschenk. Der lange Lauf dieser Waffe erleichterte Wyatt die Arbeit beim genauen Schießen. Wyatt konnte mit dieser Waffe auch einen betrunkenen Cowboy gut einschüchtern, indem er sie quer an den Kopf der betreffenden Person ansetzte.

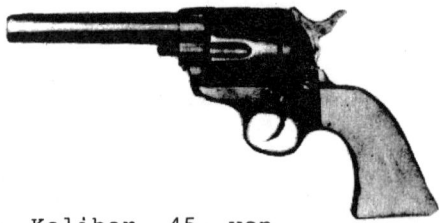

Armeerevolver, Kaliber .45, von dem Texas-Killer John Wesley Hardin

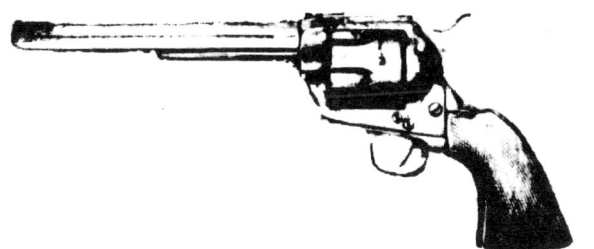

Colt Peacemaker ("Friedensmacher"),
Kaliber .45, mit dem Jesse James
von seinem Vetter Bob Ford
erschossen wurde

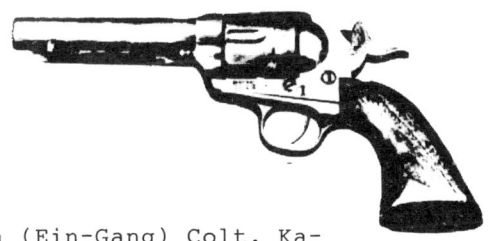

Single Action (Ein-Gang) Colt, Kaliber .44, von Billy The Kid

Billy trug ihn an seiner rechten
Hüfte, obwohl er Rechts- und ebenso
Linkshänder war.
William S. Hart, ein bekannter Stummfilmstar, zahlte für diese Waffe
25.000 Dollar.

FACHWÖRTER IM TEXT

bandidos a. d. Spanischen = Banditen
behind the deuce (engl. sprich etwa: bihaind se djuhs)
  hinter dem Teufel
billy goat kindlicher Ausdruck für Ziegenbock; Bill oder
  Billy ist zugleich auch ein Vorname, Abk. von
  William
calamity englisch = Unheil, Unglück, Elend
cantina spanisch = Schankstätte
canyon (engl. sprich: känjen) tiefe Bergschlucht
Captain (engl. sprich: käptinn)
  Hauptmann, Rittmeister, Kaptitän
city bedeutet in erster Linie Großstadt
Colonel (engl. sprich: körnel) Oberst
Confederierten, die 11 Südstaaten, die aus den Vereinigten
  Staaten im Jahre 1861/62 austraten
    (im Deutschen auch: Konföderierten)
cool (engl. sprich: kuhl) kühl, bildlich auch: locker; hart,
                                                        eiskalt
corral (Vieh)Hof, Pferch, geschützte Unterkunftsmöglichkeit
  für Pferde, Vieh etc.
country Land
County Verwaltungsbezirk
deputy regelrechter Stellvertreter des Marshals/Sheriffs;
  auch: Hilfssheriff zur Unterstützung
desperado Verbrecher mit Gewaltausübung, etymologisch gesehen beinhaltet das Wort auch:
  Verzweiflung, Hoffnungslosigkeit
dinner warmes Mittagessen, welches in der Regel am frühen
  Abend eingenommen wird
Doc Umgangssprache für Arzt
fandango a. d. Spanischen = span. und span.-amerik. wirbe-
  liger Tanz
Federal Army Bundesarmee
Federalist Anhänger, später Partei, der/die für eine starke
  zentrale Regierung eintrat/en
Fuß engl. Maß = 30,48 cm
gang (engl. sprich: gäng) Bande
goldclaim meist gegen Entgelt zugeteiltes Land zwecks
  Goldsuche / Goldausbeutung

gringo span. Schimpfwort für Ausländer, insbesondere für Angelsachsen
guer(r)illa Guerilla, Partisan
jig schneller Tanz
job das Wort beinhaltet in der englischen Sprache nicht nur eine lockere Tätigkeit nebenher, sondern sehr häufig auch die volle Ausübung eines Berufes oder beruflichen Tätigkeit
kid engl.= Kind (Umgangssprache)
killer a. d. Englischen: jemand, der tötet / getötet hat; jemand, der einen Mord begeht / begangen hat
Lieutenant (amerik.-engl. sprich: luhtennent) = Leutnant
marshal sehr hoher Dienstgrad über dem Sheriff stehend, Gerichtsbeauftragter, Oberfunktion eines Sheriffs, z. T. mit Sondervollmachten
Meile engl. Maß = ca. 1,6 km
pardon (sprich: parden) in der engl. Sprache auch: Begnadigung
pint (sprich: paint) 1 amerik. pint = ca. 0,48 Liter
quart (sprich: quort) 1 amerik. quart = ca. 0,96 Liter
ranch landwirtschaftlicher Viehzuchtbetrieb
ranger Angehöriger einer Schutztruppe
Royal Canadian Mounted Police Königlich Canadische Berittene Polizei, war und ist mit Sondervollmachten ausgestattet, z.T. Einzeldienst in der canadischen Wildnis
sagebrush nordamerik. Beifuß (Steppengewächs)
saloon (engl. sprich säluhn) Kneipe / Gaststätte
whiskey = Schreibweise in Irland und U.S.A.
whisky = Schreibweise in allen übrigen Ländern
Zoll englisches Maß = 2,54 cm